本书获得国家自然科学基金青年项目"分行业信息披露与资本市场定价效率：基于一项准自然实验的研究"（项目编号：72102187）、中国博士后科学基金面上项目"分行业信息披露改革对高管自利性归因的治理效应及作用机制研究"（项目编号：2023M734074）的资助。

行业经营性信息披露与资本市场定价效率研究

HANGYE JINGYING XING XINXI PILU YU
ZIBEN SHICHANG DINGJIA XIAOLV YANJIU

赵 玲 黄 昊 / 著

经济管理出版社
ECONOMY & MANAGEMENT PUBLISHING HOUSE

图书在版编目（CIP）数据

行业经营性信息披露与资本市场定价效率研究 ／ 赵玲，黄昊著． -- 北京 ：经济管理出版社，2025. 6.

ISBN 978-7-5243-0372-5

Ⅰ．F830.9

中国国家版本馆 CIP 数据核字第 2025JC9737 号

组稿编辑：任爱清
责任编辑：任爱清
责任印制：许　艳
责任校对：蔡晓臻

出版发行：经济管理出版社
　　　　　（北京市海淀区北蜂窝 8 号中雅大厦 A 座 11 层　100038）
网　　址：www.E-mp.com.cn
电　　话：（010）51915602
印　　刷：唐山玺诚印务有限公司
经　　销：新华书店
开　　本：720mm×1000mm/16
印　　张：11.75
字　　数：235 千字
版　　次：2025 年 7 月第 1 版　　2025 年 7 月第 1 次印刷
书　　号：ISBN 978-7-5243-0372-5
定　　价：88.00 元

前　言

　　信息是投资者定价决策的基础，高质量的信息披露是提升资本市场定价效率的关键所在。近年来，树立以信息披露为中心的监管理念，不断提升信息披露的真实性和有效性，增强市场透明度，更好地服务于投资者经济决策是我国资本市场改革的重要方向。

　　随着经济多元化和细分化趋势日益显著，新兴商业模式和经济业态层出不穷。根据中国证券监督管理委员会（以下简称《证监会》）《2024 年 3 季度上市公司分类统计结果》，我国沪深 A 股上市公司数量已逾 5111 家，遍及 19 个行业门类，81 个行业大类。为增强信息披露的针对性和有效性，自 2013 年起沪深交易所陆续发布《上市公司分行业信息披露指引》（以下简称《指引》），《指引》针对不同行业经营特征制定了差异化的披露标准，要求企业报告行业经营关键性指标并分析与同类企业的差异以及产生的原因。推进分行业信息披露是近年来资本市场信息披露制度改革的一项重要探索，本书基于沪深交易所交错发布分行业信息披露指引这一准自然实验场景，并结合投资者信息定价过程，从信息发布、接收和反馈的视角出发，实证考察分行业信息披露对资本市场定价效率的影响及其作用机制，以丰富资本市场定价效率影响因素及分行业信息披露经济后果相关研究，弥补现有文献的不足。

　　资本市场定价效率是衡量市场能否有效整合和反映所有可用信息的关键指标。分行业信息披露通过提升信息透明度，减少信息不对称，可能对市场定价效率产生显著影响。一方面，详细的行业信息能够帮助投资者更准确地评估企业价值，降低市场的错误定价风险；另一方面，信息披露的质量和及时性直接关系到市场对信息的反应速度和准确性。因此，探讨分行业信息披露如何影响资本市场定价效率，不仅有助于理解信息披露与市场效率之间的关系，也能为政策制定者提供改进信息披露制度的依据。

　　本书从增量信息、真实信息、可信赖信息和信息反馈四个方面考察分行业信息披露与资本市场定价效率的关系。首先，增量信息的视角认为，分行业信息披露增加了资本市场中的信息总量，提升了公司股价信息含量，降低了股价同步性。其次，真实信息的视角强调，分行业信息披露通过增强同侪压力，提高信息披露的真实性，降低企业隐藏坏消息的动机，从而降低股价崩盘风险。再次，从可信赖信息的视角指出，分行业信息披露提高了信息的针对性和行业相关性，增强了投资者对信息的信赖，进而提升了盈余信息的决策有用性。最后，从信息反馈的视角分析了分行业信息披露如何规范信息披露口径，帮助投资者更便捷地确定投资标的的价值定位，降低认知偏差，提高定价决策效率。

　　本书的研究意义在于理论和实践两个层面：在理论上，创新性地将分行业信息披露融入资产定价过程，拓展了资本市场定价效率影响因素的研究；在实践上，通过实证检验分行业信息披露的政策效果，丰富了相关文献，为证券市场的监管组织改革提供了经验证据。同时，本书的研究为进一步完善分行业信息披露规则、强化信息披露监管、推动证券市场的行政监管走向跨区域分行业监管提供了实证支持。

赵玲　黄昊

2025 年 6 月

目 录

图目录

表目录

第一章　导论

第一节　选题背景

信息是投资者定价决策的基础，高质量的信息披露是提升资本市场定价效率的关键所在（Berkman 等，2009；Li 等，2020；方红星和楚有为，2019）。树立以信息披露为中心的监管理念，不断提升市场的透明度，更好地服务于投资者经济决策是近年来我国资本市场改革的重要方向。

随着经济的快速发展，各种新的商业模式、经济业态相继涌现，市场多元化、细分化的趋势愈发明显。根据中国证券监督管理委员会（以下简称证监会）《2024 年 3 季度上市公司分类统计结果》的数据，我国沪深 A 股上市公司数量已逾 5111 家，涉及 19 个行业门类，81 个行业大类。在这一背景下，为了提高信息披露的针对性和有效性，自 2013 年起沪深交易所陆续发布了《上市公司分行业信息披露指引》（以下简称《指引》），《指引》针对不同行业经营特征制定了差异化的披露标准，要求企业报告行业经营关键性指标并分析与同类企业的差异以及产生的原因。近年来，推进分行业信息披露是资本市场信息披露制度改革的一项重要探索，已有文献从监管模式转变的视角考察了这一改革的实施效果。本书基于沪深交易所交错发布分行业信息披露指引这一准自然实验场景，从信息披露模式转变的视角结合增量信息提供、真实信息披露和信息可信赖度提升的视角出发，实证考察分行业信息披露对资本市场定价效率的影响及其作用机制，以丰富资本市场定价效率影响因素及分行业信息披露经济后果相关研究，弥补现有文献的不足。

资本市场是一个信息场，信息流动是上市公司股票价格的重要决定因素。反过来，股票价格也体现了所有市场参与者对其所掌握信息的反应（徐寿福和徐龙炳，2015）。在现实世界中，由于制度摩擦、信息不对称以及投资者非理性认知等，股票价格与其内在价值可能出现较大的偏离，导致资产定价效率低下，错误定价现象时有发生。这种金融异象存在于各国资本市场，在新兴经济体市场中则表现得尤为明显（Jiang 等，2017；陆蓉等，2017；李善民等，2020）。长期持续的错误定价，对资源配置、实体经济发展造成了巨大的损害。因此，如何缓解市场中的定价效率现象、提升定价效率，更好地发挥资本市场资源配置功能也一直是实务界和理论界关注的焦点。现有文献主要围绕交易制度缺陷、信息可靠性以及公司治理特征等方面（Berkman 等，2009；李科等，2014），分析了资本市场定价效率的影响因素及其缓释效应，却鲜有考察信息披露模式变迁与投资者认知所带来的影响。事实上，投资者定价决策是一个不断对信息进行解读和认知的过程。而信息披露模式的变化很可能影响资本市场信息披露总量以及投资者对信息真实性和可信赖性的认知，进而对其定价效率产生系统性的影响。基于此，本书以沪深交易所分行业信息披露政策实施为准自然实验场景，深入分析交易所信息披露模式的转变对资本市场定价效率影响的内在机理及效果，以期深化和拓展分行业信息披露制度相关的研究，为后续改革实践工作的推进提供理论支撑。

具体地，本章拟从以下四个方面考察分行业信息披露与资本市场定价效率的关系：

（1）增量信息的视角。资本市场是一个信息驱动的公开市场，上市公司作为资本市场重要的信息生产者和发布者，其信息披露的数量和质量关乎资本市场的运行效率。《指引》强调信息披露的及时性、有效性和真实性，要求公司在常规性披露的基础上，增加对行业经营相关信息的呈报。一方面，增加了资本市场中的信息总量，为资本市场提供了增量信息；另一方面，经营性信息披露作为企业层面的独特信息，能提升公司股价信息含量，降低股价同步性。在传统的统一信息披露模式下，不同行业独特的商业模式、经营特点、风险因素和发展趋势等行业特性往往难以得到充分体现。而分行业信息披露要求企业根据自身所属行业的特点，详细披露诸如行业竞争格局、技术发展动态、市场需求变化等信息。同时在企业层面，分行业信息披露促使企业深入挖掘自身在行业中的竞争优势、核心竞争力、重大项目进展等独特信息。例如，高科技企业可以披露其研发投入、专利技术、创新成果等信息，金融企业可以披露其风险管理措施、资产质量、业务创新等信息。这些行业和企业层面的独特信息，增加了股价中的公司特质信息含量，降低了股价同步性。

（2）真实信息的视角。在资本市场中，信息披露的质量直接影响着市场的定价效率。分行业信息披露作为一种精细化、针对性的信息披露方式，不仅能够更好地反映各行业的经营特点和风险状况，而且能够通过增强同侪压力，有效提升信息披露的真实性，进而降低企业隐藏坏消息的动机，最终降低股价崩盘风险。具体而言，分行业信息披露通过明确各行业关键指标和风险因素，使同行业企业之间的比较变得更为直观和透明。这种透明度的提升，无形中增加了企业间的同侪压力。在同行业企业的相互比较和监督下，任何一家企业在信息披露上的不真实或遗漏都更容易被市场参与者所察觉，从而促使企业更加谨慎和真实地进行信息披露。同时，分行业信息披露的细化和规范化，也增加了企业隐藏坏消息的难度。在以往的信息披露制度下，企业可能通过模糊处理或选择性披露来掩盖不利信息。然而，在分行业信息披露的要求下，企业必须按照统一的标准和格式进行披露，这大大降低了企业操纵信息的空间，使得坏消息更难以被隐藏。

（3）可信赖信息的视角。分行业信息披露通过细化披露要求，提高了信息的针对性和行业相关性。这使投资者能够更容易地理解和评估企业的财务状况和经营成果，从而增强他们对这些信息的信赖。以往通用的信息披露标准可能无法满足投资者对不同行业特殊性的需求，导致投资者难以准确判断企业的真实价值。而分行业信息披露恰好弥补了这一缺陷，它要求企业根据所在行业的特性和风险点进行更为详尽和透明的披露，这无疑提升了信息的可信度和有效性。同时，分行业信息披露的推行，还有助于减少企业盈余管理的空间。盈余管理是企业为了迎合市场预期或达到特定目标而进行的财务报表调整行为。这种行为往往会损害信息的真实性和可靠性，降低投资者的信赖度。然而，在分行业信息披露的框架下，企业需要按照更为严格和具体的标准进行信息披露，这限制了企业进行盈余管理的可能性，从而增加了盈余信息的真实性和含量。此外，当投资者对披露信息的信赖度增强时，他们更愿意依据这些信息进行投资决策。这意味着，盈余信息在投资者的决策过程中扮演了更为重要的角色。盈余信息含量的提升，不仅有助于投资者更准确地评估企业的盈利能力和未来发展前景，还能增强资本市场定价效率。因此，分行业信息披露通过增强投资者对信息的信赖度，间接地提升了盈余信息的决策有用性，进而对资本市场的定价效率产生了积极影响。

（4）信息反馈的视角。资本市场的信息反馈即是投资者等市场参与主体根据所获取的信息通过市场交易不断反馈至股票价格的过程，同时也是资产价格不断趋近于其内在价值（真实价值）的过程。首先，分行业信息披露将行业特点与信息披露紧密结合，能规范同行业公司信息披露口径，帮助投资者更便捷地确定投资标的的价值定位，形成更为稳定、一致的理性预期，降低投资者的认知偏差和异质性信念，驱使市场价值不断向内在价值靠拢，从而提高定价决策效率

（Berkman 等，2009），降低股价错误定价程度。具体而言，分行业信息披露通过要求企业披露更多与行业特性相关的具体信息，为投资者提供了丰富的增量信息，拓宽了投资者的信息来源，这些信息有助于投资者更深入地理解企业的运营状况、行业地位及潜在风险，从而做出更为理智的投资决策。其次，分行业信息披露要求企业按照统一、具体的行业标准进行信息披露，这有助于提升信息的真实性。在统一标准的约束下，企业难以进行选择性披露或信息操纵，从而确保了披露信息的客观性和准确性。真实性的提升，进一步增强了投资者对信息的信赖度。再次，分行业信息披露使得盈余信息更加具体、详细，更能够反映企业的真实盈利能力和成长潜力，从而为投资者提供了更有价值的决策依据。最后，投资者在拥有更多、更真实、更具含量的信息基础上进行决策，能够更准确地评估企业价值，改善了资本市场的定价效率，减少了市场的错误定价现象。

第二节　研究意义

一、理论意义

行为金融学的兴起使人们越来越认识到市场并非总是有效的，由于信息不对称、投资者非理性行为等的干扰，资本市场错误定价现象时有发生。在资本市场错误定价的环境中，研究企业如何进行投融资策略选择，有助于更好地认识现实资本市场运行与实体经济发展之间的关系。本书的理论贡献主要体现在以下三个方面：

（1）创新性地将分行业信息披露融入资产定价过程，拓展资本市场定价效率影响因素的相关研究。信息是资本市场的核心要素，高质量的信息披露是推动资本市场发展和完善的重要力量（Lara 等，2009；陈运森等，2019）。在全面深化资本市场改革的关键时期，如何提升资本市场定价效率，缓解定价偏误一直是社会各界讨论的热点问题。现有文献的研究主要集中于交易制度（Boehmer 和 Wu，2013；李科等，2014；张丽丽等，2017）、媒体中介传播（Tetlock，2010；游家兴和吴静，2012）和信息披露质量（Engelberg 和 Parsons，2011；Cho，2015；徐寿福和徐龙炳，2015；王生年和朱艳艳，2017）等方面，讨论信息披露模式变迁对资产定价效率影响的文献仍较少，本书为此提供了补充。

（2）实证检验分行业信息披露的政策效果，丰富了分行业信息披露相关文献。交易所监管模式的转变，从辖区监管转变为分行业监管是我国证券监管特别是信息披露监管制度的重大转变，同时也是交易所坚持以投资者需求为导向，以信息披露为中心，提升监管效能的重要探索。2013 年 1 月至今，沪深交易所结合其上市公司行业分布情况，不断总结特色行业运行规律和风险特征，以新兴行业和市场关注度高的传统行业为切入点，逐步建立了创业板、深市、沪市三套行业指引体系。本书从投资者信息决策有用性的视角出发，利用沪深交易所交错实施分行业信息披露规定这一独特场景进行研究，可以为监管部门正在推进的信息披露制度改革实践提供微观经验证据。

（3）拓展信息披露模式变化经济后果以及信息披露等领域的相关文献。现有研究主要考察了信息可靠性、稳健性等特征对投资者决策及信息认知的影响，却鲜有关注信息披露模式变化带来的影响。本书以交易所信息披露监管模式转变为契机进行研究，为此提供了一个新的研究视角。各《指引》以投资者需求为导向，将行业特点与信息披露紧密结合，分类实施，提高信息披露的精度与深度，这为本书从信息披露真实性、可信赖性等角度厘清分行业信息披露与资本市场定价效率之间的关系提供了新的思路和方向。

二、实践意义

本书的实践意义主要表现在以下三个方面：

（1）以交易所监管模式转变为契机，深入考察分行业信息披露监管制度的实施情况与效果，有利于为证券市场的监管组织改革提供经验证据。恰当、有效的监管能够保证市场的效率，减少不确定性，增强市场的信心。党的十九大报告强调要"转变政府职能，创新监管方式"，突出"放松管制、加强监管"的核心，更加强调监管职能和监管效果。随着上市公司数量的逐渐增多，所属行业趋于多元化、细分化，传统的信息披露规则已不适用，统一监管的标准也过于刚性，迫切需要转变原有监管模式。自 2013 年起交易所转变监管模式，变辖区监管为分行业监管，这是落实以信息披露为中心监管理念的重要举措。本书通过检验分行业信息披露与资本市场定价效率之间的关系，可以为证券市场的监管组织改革提供微观经验证据和直接参考。

（2）响应政府关于提高上市公司质量的政策，本书的研究有利于进一步强化信息披露，规范公司内部治理行为，提高上市公司质量，并为政府部门决策提供参考。政府对提高上市公司质量给予高度重视，国务院办公厅自 2005 年发布《国务院批转证监会关于提高上市公司质量意见的通知》（国发〔2005〕34 号）之后，于 2020 年再次发布《关于进一步提高上市公司质量的意见》（国发〔2020〕14 号），提出"加强资本市场基础制度建设，大力提高上市公司质量"的总体要求，为规范我国公司治理和内部控制，提升信息披露质量赋予了更高的目标和定位。本书对分行业信息披露制度在信息发布、信息解读以及信息反馈过程中作用的探讨为企业响应政府号召、提升信息披露质量提供借鉴，也为政府部门决策提供一定参考。

（3）本书为进一步完善《指引》相关规则，强化信息披露监管，深入推进分行业信息披露体系建设，推动证券市场的行政监管走向跨区域分行业监管提供实证支持。随着经济社会的快速发展，各种新型商业模式和经济业态等不断涌现，产业发展日趋多元化和细分化。这使传统的以制造业特征为基础的信息披露规定可能难以更好地为投资者呈现公司经营全貌。如何兼顾不同行业的具体特征，完善信息披露制度建设，提升信息披露的有效性和针对性成为了一个亟待解决的问题。在这一背景下，沪深交易所相继推出分行业信息披露指引，充分关注各个行业经营的具体特征，以强化公司结合所处行业的特征进行信息呈现，促使投资者更好地理解公司披露信息的价值内涵。本书结合资产定价过程，探讨分行业信息披露对改善市场信息环境、降低投资者解读成本的作用机理，对监管部门继续深化分行业信息披露体系建设以及资本市场信息披露制度改革实践都具有良好的启示和参考意义。

第三节　研究思路和研究方法

一、研究思路

在经济高质量发展的迫切需求下，深入探讨如何优化资本市场信息披露机制以服务实体经济，显得尤为关键。中国资本市场作为一个不断成熟的市场，面临着制度不完善、投资者结构不均衡以及市场定价效率不高等诸多挑战。基于此，本书聚焦于分行业信息披露这一制度创新，旨在探析其对资本市场定价效率的积极效应。

在梳理现有关于信息披露与资本市场定价效率研究的基础上（见图1-1），以信息不对称理论和行为金融学为理论支撑，构建分行业信息披露影响资本市场定价效率的研究框架。具体而言，从四个方面展开了深入探究：首先，探讨了分行业信息披露如何通过提供增量信息来降低股价同步性，揭示了增量信息对投资者决策行为的影响机制，进而论证了分行业信息披露在减少股价"同涨同跌"现象、提升个股信息含量方面的积极作用。其次，研究了分行业信息披露如何提升信息的真实性，从而降低股价崩盘风险。检验了分行业信息披露对改善企业信息环境、抑制管理层机会主义行为的效应，并据此分析了其对资本市场稳定性的正面影响。再次，进一步考察了分行业信息披露如何通过提高信息可信赖度来增强盈余信息的含量，论证了分行业信息披露在提升盈余信息透明度、增强盈余预测准确性方面的重要作用。最后，在整合前述研究的基础上，系统评估了分行业信息披露对资本市场定价效率的总体影响，揭示了分行业信息披露在优化价格发现过程、降低错误定价程度方面的显著效果。

综上所述，本书全面深入地探究了分行业信息披露对资本市场定价效率的积极影响及其内在机制。这一研究不仅为完善资本市场信息披露制度提供了理论支持和实践指导，也为促进资本市场更好地服务实体经济发展贡献了有益的思路和见解。

二、研究方法

在规范研究方面。本书结合分行业信息披露的制度背景和执行现状，充分吸收与利用有效市场理论、行为金融理论、委托代理理论、资本市场定价理论以及信息披露制度等相关研究成果，构建项目的整体理论基础，理论推演遵循科学严谨的研究范式，由表及里地逻辑剖析分行业信息披露制度实施对资本市场定价效率的影响及潜在路径。

在实证研究方面。本书手工收集分行业信息披露相关数据，结合中国资本市场现状和特征，为资本市场定价效率构建恰当的代理变量，运用多时点冲击的双重差分模型、倾向得分匹配模型、中介效应模型等方法，对分行业信息披露政策实施对资本市场定价效率的影响及其作用路径进行全面深入的检验与剖析。

本书充分吸收了相关理论进行规范分析、构建理论分析框架，并结合沪深交易所交错发布行业信息指引这一准自然实验，构建多时点冲击的双重差分模型进行研究。在规范分析时，遵循科学严谨的研究方式，清晰了解分行业信息披露相关制度背景和实施情况，以期在关键思路推导和研究内容上厘清分行业信息披露影响资本市场定价效率的内在逻辑。在实证分析时，充分结合网络爬虫技术和计量分析方法，对变量的衡量遵循合理谨慎的原则，以保证数据的准确性和结果的稳健性。

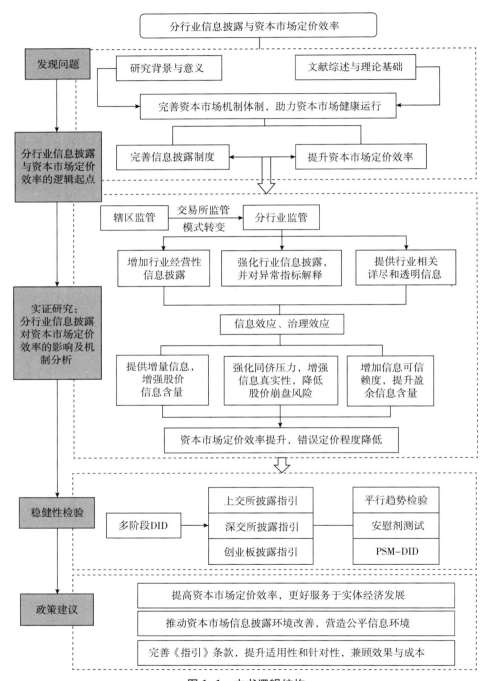

图1-1 本书逻辑结构

资料来源：笔者绘制。

第四节　预期创新

在深入探究资本市场信息披露与公司财务领域的互动关系时，本书聚焦于"分行业信息披露对资本市场定价效率的影响研究"这一核心议题。在当前金融市场日益复杂、信息披露要求不断细化的背景下，分行业信息披露作为一种创新性的监管措施，其对资本市场定价效率的潜在影响值得深入剖析。与现有研究相比，本书的创新之处主要体现在以下四个方面：

（1）在研究视角上，突破了传统信息披露研究的局限，将分行业信息披露作为独立的研究对象，深入探讨其对资本市场定价效率的影响及其作用机制。通过构建资本市场定价效率指标，不仅从理论层面分析了分行业信息披露的必要性，还通过实证分析验证了其对提升资本市场定价效率的积极作用。这为理解和评估分行业信息披露制度的实施效果提供了新的思路和方法。

（2）在研究内容上，创新性地将分行业信息披露融入资产定价过程的分析框架中。通过详细剖析"增量信息提供"到"真实信息披露"到"可信赖信息呈现"再到"资本市场定价效率提升"的逻辑链条，揭示了分行业信息披露如何通过影响信息的生成、解读和反馈环节，进而提升资本市场的定价效率。这一研究内容的拓展，不仅丰富了信息披露与资产定价的理论体系，也为优化信息披露制度、提高资本市场运行效率提供了有益的参考。

（3）在研究方法上，充分吸收了相关理论进行规范分析、构建理论分析框架，并结合沪深交易所交错发布行业信息指引这一准自然实验，构建多时点冲击的双重差分模型进行研究。在规范分析时，遵循科学严谨的研究方式，清晰了解分行业信息披露相关制度背景和实施情况，以期在关键思路推导和研究内容上厘清分行业信息披露影响资本市场定价效率的内在逻辑。在实证分析时，充分结合网络爬虫技术和计量分析方法，对变量的衡量遵循合理谨慎的原则，以保证数据的准确性和结果的稳健性。

（4）在理论构建上，尝试整合了行为金融学、信息不对称理论以及委托代理理论等多学科理论，构建了一个全面、系统的理论分析框架来解释分行业信息披露如何影响资本市场定价效率。这一框架的构建不仅为理解资本市场与实体经济之间的互动关系提供了新的视角，也为夯实资本市场健康运行相关研究奠定了坚实的理论基础。

第五节 本书结构安排

本书以"资本市场高质量发展"这一重要命题为切入点，基于信息不对称、委托代理等理论基础，结合资本市场定价行为，构建了分行业信息披露下资本市场定价效率提升的理论分析框架。按照理论分析与实证检验相结合的思路，系统探究了分行业信息披露对股价同步性、股价崩盘风险、盈余信息含量以及资本市场定价效率的影响。全书共分八章，各章的结构安排如下：

第一章为导论。本章主要介绍选题背景、研究意义、研究思路、研究方法以及本书的创新点。通过阐述分行业信息披露的重要性以及我国资本市场定价效率不高的现实特征，明确本书的研究动机和价值所在。

第二章为文献综述。本章系统回顾和梳理了国内外关于分行业信息披露、资本市场定价效率以及信息披露与资本市场定价效率关系的现有文献，总结已有研究的成果与不足，为本书的研究提供理论支撑和文献基础。

第三章为制度背景与理论基础。本章详细阐述我国分行业信息披露的提出背景、披露规则的主要变化及执行情况，并结合信息不对称理论、委托代理理论等，构建分行业信息披露影响资本市场定价效率的理论分析框架。

第四章为分行业信息披露与股价同步性。本章从提供增量信息的视角出发，实证检验分行业信息披露提供的行业经营性信息对股价同步性的影响。通过对比分析不同行业信息披露水平下的股价同步性差异，揭示分行业信息披露在降低股价同步性、提高市场信息效率方面的作用。

第五章为分行业信息披露与股价崩盘风险。本章聚焦于分行业信息披露对股价崩盘风险的影响，探究分行业信息披露如何通过增加同侪压力、提高信息披露真实性、降低坏消息隐藏等途径，进而缓解股价崩盘风险。

第六章为分行业信息披露与盈余信息含量。本章从提供可信赖信息的视角出发，研究分行业信息披露对盈余信息含量的影响。通过分析分行业信息披露质量与盈余信息含量之间的关系，验证分行业信息披露在提高盈余信息透明度、增强信息可信度方面的积极作用。

第七章为分行业信息披露与资本市场定价效率。本章综合前述章节的研究结果，全面评估分行业信息披露对资本市场定价效率的影响。通过构建定价效率测度模型，实证检验分行业信息披露在改善资本市场定价效率、降低错误定价程度方面的效果。

第八章为研究结论、建议与展望。本章总结全书的主要研究结论，提出针对性的政策建议，并指出研究的局限性及未来可能的研究方向。通过本章的归纳和展望，旨在为完善我国资本市场信息披露制度、提高市场定价效率提供有益的参考和启示（见图1-2）。

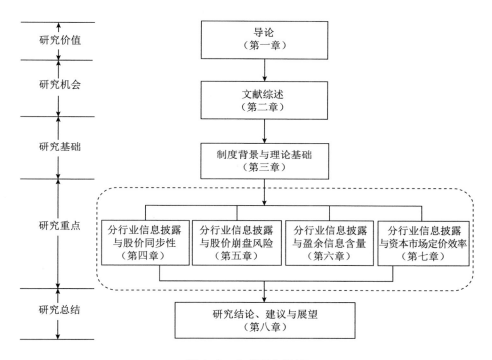

图1-2　本书研究框架

资料来源：笔者绘制。

第二章　文献综述

本章对分行业信息披露与资本市场定价效率相关文献进行回顾和梳理。首先，归纳和总结分行业信息披露相关文献，围绕分行业信息披露对资本市场影响和分行业信息披露对公司治理行为影响两方面进行综述。其次，梳理资本市场定价效率的相关研究。最后，对以上文献进行简要评述，提炼本书的研究机会。

第一节　分行业信息披露相关文献

在经济全球化与科技迅猛发展的背景下，资本市场迅速演变，传统以制造业为基础的信息披露制度已难以满足新兴行业的特定需求，因此监管转型势在必行，行业细分的信息披露制度应运而生。随着投资者需求的变化，简单的财务数据披露已无法满足其期望，投资者渴求深度的行业相关信息以支持其投资决策，而现行的信息披露制度则无法提供足够的支持。此外，国家政策对资本市场发展的支持，也在积极推动和鼓励分行业信息披露标准的制定、实施与完善。分行业信息披露制度旨在通过设定行业差异化标准和优化披露形式，以适应资本市场日益复杂的环境与各方需求，对资本市场的健康发展具有重要意义。

虽然美国没有明确提出分行业信息披露监管概念，但在其资本市场发展历程中无不蕴含着行业监管的理念。例如，在发行审核时，审核人员会从行业发展趋势、行业关键指标、同行业公司比较等角度，进行审核问询；在持续监管阶段，有重点行业的信息披露标准，监管人员从公司所处行业的特征，发现监管异常等。更甚者，其行业监管的理念深入到日常的监管架构中，例如，美国证监会的公司融资部是根据行业进行部门设置的，即将同一行业的公司集中起来，配备专门的力量，比较、分析和判断同类公司经营、业务、财务等方面的共性与差异。

近年来，推进分行业信息披露是上市公司信息披露制度的重要举措，也是资本市场监管改革的重要方向。已有文献从信息披露模式转变和信息监管模式转型两个角度对分行业信息披露制度进行了丰富的研究。本章将综合上述两个维度的研究，从分行业信息披露的资本市场效应和公司治理效应的视角进行综述，并做出简要评述。

一、分行业信息披露的资本市场效应

信息是投资者定价决策的基础，高质量的信息披露是提升资本市场定价效率的关键所在（Berkman 等，2009；Li 等，2020；方红星和楚有为，2019）。为不断完善信息披露制度，增强市场信息透明度，提高市场运行效率，世界各国持续推进信息披露监管改革。我国资本市场也顺应改革潮流，推出分行业信息披露制度，逐渐重视财务与非财务信息的互补和结合，努力完善信息披露监管机制，健全信息披露体系。分行业信息披露制度通过制定细化且差异化的信息披露标准，针对不同行业的业务性质、经营模式、风险特征等制定不同的披露要求，实现了信息披露的针对性和有效性提升（黄昊和赵玲，2021）。例如，对于高风险的金融行业，要求披露更多关于风险管理、资本充足率等方面的信息；而对于相对稳定的公用事业行业，则侧重于运营效率、服务质量等方面的信息。同时，在信息披露形式上也进行了优化，要求信息披露语言通俗易懂，采用简洁明了的方式呈现关键信息，如通过图表、数据可视化等方式展示复杂数据，提高信息可读性（赵玲和黄昊，2021；李嘉祥，2023；王钟阳和唐松，2024）。基于此，本章从提供增量信息、降低信息不对称、缓解代理成本、提升定价效率等角度综述分行业信息披露对资本市场的影响。

信息披露观认为，分行业信息披露要求上市公司依据自身所处行业特点，披露更为详尽、针对性更强的信息，涵盖行业发展态势、关键经营指标等诸多方面。如此一来，投资者获取和处理信息的成本得以大幅降低，能够更为精准、全面地洞察企业真实状况，显著减少信息不对称程度。刘珍瑜和刘浩（2021）注意到上交所的行业信息披露指引要求行业按季度披露经营数据，深交所则未强制要求，以此作为准自然实验研究行业信息披露对会计信息质量的影响。研究发现行业季度经营性信息披露显著遏制了应计盈余管理，提高了会计信息的可理解性、可验证性与及时性。宋佳等（2021）也指出，分行业信息披露监管确实能有效提高公司信息披露质量，缓解信息不对称。李嘉祥（2023）发现，分行业信息披露能通过缓解信息不对称，降低投资者之间长期存在的意见分歧，促使其做出更为理性的投资决策，提升资本市场整体的资源配置效率。赵玲和黄昊（2023）认为，分行业信息披露通过降低投资者的信息不对称，提高信息透明度和可理解性，从而改善投资者对公司的信息认知。这种改善有助于吸引更多投资者，尤其是个人投资者和境外机构投资者，增加股东基数，并且可能改变股东的内部构成。另外，分行业信息披露要求各行业公司依据自身商业模式、经营特点、风险因素等的差异，提供特异性信息（赵玲和黄昊，2021；罗宏等，2024）。这不仅可以挖掘出传统信息披露模式所遗漏的信息，为投资者、监管者等市场参与者提供更贴合行业实际的内容（李嘉祥，2023）；还能为资本市场提供增量信息，促进资本市场定价效率的提升（韩贤，2022；赵玲和黄昊，2022）。

代理理论观认为，分行业信息披露要求企业在一般性披露的基础上增加对行业经营相关信息的呈报，并规定了具体的披露指标，要求企业披露更多关于公司经营模式、实质性经营信息等具体指标。这些信息的披露能够从源头上降低企业盈余信息的操纵空间，提升信息披露的可靠性（赵玲和黄昊，2021）；降低环境不确定性，减少管理层和股东之间的代理冲突，降低代理成本。王东升等（2024）认为，分行业信息披露能够降低企业与外部资金提供者之间的信息不对称，改善外部融资环境，强化外部监督，缓解委托代理冲突，从而引导企业将资源投入有利于企业长远发展的实业投资中。赵玲和黄昊（2022）研究发现，分行业信息披露能够提供更具体的行业经营信息，通过降低管理层代理成本，减少其隐藏坏消息的动机，从而降低股价崩盘风险。林钟高和朱杨阳（2021）、林钟高和刘庆文（2022）也发现，分行业监管能够优化监管资源配置，规范信息披露方式，减少交易费用，降低投资信息搜集成本，助力上市公司管理层识别投资机会，进行合理投资决策。同时，分行业监管环境下，监管人员能够更专业地比较分析同一行业内公司的信息披露，提高信息披露体系的统一性，从而提高会计信息可比性，增强会计信息质量和稳健性，并最终提高企业投资效率（林钟高和李文灿，2021；刘珍瑜和刘浩，2021；张家慧和赵玲，2024）。

二、分行业信息披露的公司治理效应

分行业信息披露要求上市公司依据自身所处行业的特点，对诸如行业竞争格局、经营模式、关键经营指标等信息进行详细披露。从理论逻辑上来看，这种披露方式对公司治理行为产生多方面影响。

首先，从信息不对称角度来看，分行业信息披露打破了公司内部与外部之间的信息壁垒。在公司治理中，股东、债权人等利益相关者往往因信息不足而难以有效监督管理层。分行业信息披露使外部利益相关者能够深入了解公司运营环境和行业特性，减少因信息差导致的治理障碍。例如，当行业信息充分披露时，股东可以更好地判断管理层的经营策略是否符合行业发展趋势，从而做出更合理的决策。石桂峰（2022）指出，行业经营性信息披露通过提供更多的行业特定信息，帮助供应商更好地评估客户的信用风险和还款能力，显著增加了商业信用融资。潘红波和张冰钰（2022）指出，由于同行公司易受相似外部环境的影响，行业信息披露可以帮助管理者更充分地了解自身所处的行业环境，降低不确定性，发现并购标的，识别并购项目机会。Ferracuti 和 Stubben（2019）、Roychowdhury 等（2019）的研究表明，行业信息披露能够为外部投资者提供更多行业信息，提升行业总体信息增量，降低信息不对称程度，缓解企业融资约束，进而促进企业并购行为和绩效。赵玲和黄昊（2022）、马兆良和许博强（2024）也认为，行业经营性信息披露通过提高会计信息质量，减少信息不对称，降低了企业的税收规避行为。

其次，基于代理理论，公司管理层与股东存在潜在的利益冲突。分行业信息披露增加了公司运营的透明度，使股东和其他利益相关者能更好地监督管理层。例如，在详细的行业信息披露下，管理层的决策依据和过程更加清晰，其税收规避、短视行为等自利举动更容易被察觉。这有效约束了管理层机会主义行为，促使其做出符合公司长远利益的决策，进而优化公司治理结构。赵玲和黄昊（2021）认为，行业信息披露能够吸引分析师关注，通过分析师报告缓解市场的信息不对称；并且为行业信息披露提供同行业上市公司的经营信息，方便股东从经营水平的角度对比和衡量管理层业绩，缓解代理冲突，提高企业的费用管理水平，降低企业费用黏性。

最后，分行业信息披露所带来的外部监督压力，如分析师关注增加、监管更具针对性等，也促使公司完善内部治理机制。管理层在进行决策时，需要考虑到行业信息披露可能引发的外部反应，从而更加谨慎地行事，保障公司决策科学性和运营规范性，促进公司持续健康发展。李晓等（2022）、王钟阳和唐松（2024）研究了行业信息披露对审计师的溢出效应。他们认为监管者加大对行业经营信息的监管力度，甚至对具体的经营项目提出穿透式问询，行业信息披露后投资者识别和监督能力提高，使审计风险提高，影响审计意见（付彦详，2023）；但随着分行业信息披露的执行，信息可比性提升借助同行业上市公司的经营信息，审计师能快速识别重大风险，提高审计效率。黄昊和赵玲（2023）提出了不一样的观点，一方面，可以通过强化行业经营性关键指标的呈现，有助于提升信息透明度，压缩公司管理层舞弊空间，降低审计风险，从而提升审计质量；另一方面，分行业信息披露可能会增加审计师的验证负担，引发更隐蔽的操纵，增加审计难度，导致审计质量下降。

三、简要评述

分行业信息披露是资本市场信息披露制度的重要改革，有利于缓解信息不对称，降低代理成本。同时，还能提供更具针对性的监管依据，提升监管效率，保障市场的公平与稳定。然而，现有关于分行业信息披露的研究存在一些不足之处。

首先，现有研究对分行业信息披露的长期影响关注不够。多数研究集中在短期内分行业信息披露对企业和市场的影响，如短期的股价波动、短期的投资决策变化等。但对于企业的长期发展战略、行业的长期竞争格局演变以及市场长期效率的提升等方面，缺乏足够的跟踪和深入分析。

其次，研究视角相对单一。现有文献大多从投资者、监管者或企业自身某一个角度出发进行研究，缺乏对多主体互动关系的综合考量。例如，在分行业信息披露过程中，企业、投资者以及监管者等多主体之间如何相互影响，进而共同作用于资本市场的运行效率和企业的治理结构，这方面的研究还较为欠缺。

第二节　资本市场定价效率相关文献

资本市场定价效率是指资本市场配置资源的效率，即资本市场是否能将资源分配给可以把资源最优化利用的企业。资本市场效率分为内在运行效率和外在定价效率两方面（West 等，1982）。资本市场内在运行效率即资本市场的交易效率，是指交易者在资本市场中完成一笔交易所需的时间和成本。如果投资者能在资本市场上以最短的时间和最低的价格完成交易，那么资本市场内在运行效率高。资本市场的外在定价效率即信息效率，是指资本市场上证券价格及时、高效地反映相关信息的能力以及引导市场资金流向最需要且使用效率最高企业的能力。如果资本市场的股票价格能够迅速，准确反映所有相关信息，避免价格偏离真实价值，那么资本市场定价效率就高。

关于资本市场定价效率的早期研究主要集中于考察股价对公司内在价值信息的反映程度，Fama 于 1970 年开创性地认为有效市场假说下，投资者是完全理性的，且交易不受限制，信息获取成本为零，股价可以及时、准确地反映所有信息（Fama，1970）。我国的资本市场属于新兴市场，经济发展也处于转轨时期，股票价格与其内在价值的偏离可能更甚。

首先，就市场交易制度而言，我国特殊的涨跌停制度，使股价不能迅速回归正常价值，常常存在补涨和补跌的现象，不仅加剧了股价波动，也导致了股票价格的错误定价（Kim 和 Rhee，1997；Chan 等，2005；Lin 等，2017；陈平和龙华，2003；王朝阳和王振霞，2017；黄苑等，2018）。此外，得益于上市首日的超高回报率，投资者"炒新"屡见不鲜，加之我国独有的新股上市首日价格管制制度，进一步加剧了 IPO 溢价，在放大股价波动的同时，也导致了新股上市后股票价格连续的非理性攀升（Song 等，2014；韩立岩和伍燕然，2007；宋顺林和唐斯圆，2019）。不仅如此，我国还存在卖空限制，导致市场中的非理性交易行为并不能被理性投资者完全中和。虽然随着 2010 年融资融券制度的施行，在一定程度上缓解了卖空限制，但从整体来看，融资余额远远超过融券余额，这与发达国家资本市场相比还存在一定差距。

其次，由于我国证券市场发展历史较短，市场规范和投资理念还不成熟，信息不对称甚至信息失真严重。并且市场上的投资者也并非完全理性的，会受到诸如智力水平、金融知识素养、心理情绪及投资经验等因素的左右，资本市场错误定价难以避免（Engelberg 和 Parsons，2011；赵静梅和吴风云，2009；游家兴和吴静，2012；徐寿福和徐龙炳，2015）。

最后，我国的股票市场容易受到政治、经济等宏观不确定因素的干扰和国家相关政策的限制，呈现出明显的"政策市"特点，使股票市场的定价有效性大打折扣，加剧了错误定价现象的产生（解保华等，2002；李佳和王晓，2010；朱孔来和李静静，2013；戴方贤和尹力博，2017）。

一、信息披露与资本市场定价效率

信息是资本市场的核心要素，信息披露制度是资本市场健康、良好运行的基石。真实、准确、及时、完整、公平的信息披露环境是资金合理配置、市场健康有效运行的基础，也是监管部门以信息披露为中心推进监管转型的重要保证。然而，股东、管理层等上市公司内部人员往往拥有外部投资者无可比拟的信息优势，导致信息不对称，使股价不能及时有效地反映公司信息的变化（Cheng 和 Lo，2006；Rogers，2008）。信息不对称不仅带来逆向选择问题，还可能导致优质公司股价被低估，劣质公司股价被高估，产生"劣币驱逐良币"的现象，影响投资者对公司价值的判断，导致股票被市场错误定价（Chaney 和 Lewis，1995）。此外，信息不对称还会引发"羊群效应""跟风炒作""捧高踩低"等非理性行为，加大投资者认知偏差，难以形成对上市公司真实价值的理性预期（Hirshleifer 和 Toeh，2003；Hou 等，2007；权小峰和吴世农，2012）。

公司财务会计信息作为资本市场的重要信息来源，同时也是投资者价值判断的主要依据，显著影响着公司的股价。信息不对称成为阻碍股票价格正确形成以及投资者对其内在价值正确反映的障碍（Lara 等，2009；梁上坤等，2012；徐寿福和徐龙炳，2015）。现有文献研究认为，企业可靠、稳健、高质量的信息披露，有利于降低管理层与投资者之间的信息不对称，能从源头上改善投资者判断公司价值的信息供给，进而促使市场价格向真实价值回归（徐寿福和徐龙炳，2015；

赵玲和黄昊，2019）。具体来说，徐寿福和徐龙炳（2015）的研究指出，信息不对称是导致上市公司市场价值长期偏离内在价值的根本原因，增强信息披露则是修正资本市场错误定价的主要途径，也是降低市值高估公司市场价值泡沫的有效手段。此外，Berkman等（2009）、陆蓉和潘宏（2012）的研究表明，信息披露可以通过提高投资者对上市公司的认知程度，减少了信息不对称，降低了投资者对于上市公司的意见分歧，从而减弱定价偏误的程度。杨慧辉等（2009）、冯根福和赵珏航（2012）从委托代理理论的视角出发，借助高管股权激励这一视角，研究管理层机会主义行为对资本市场错误定价的影响。研究表明，管理层会根据自身拥有的信息优势，采用盈余操纵和择时信息披露的手段干扰股票价格，攫取超额收益。在获取期权时，降低股票价格；在行权时抬高股票价格，以扩大股票市价与行权价或市价与限制性股票授予价格之差，进而获取超额收益。不仅如此，信息披露质量对资本市场错误定价也具有深远的影响（Hirshleifer，2001；Bailey等，2007；张静等，2018）。一方面，稳健的会计信息可以抑制管理层不计或少计损失以及高估资产和收益的行为，使得投资者能接触更多真实、客观的盈余信息；另一方面，也可以减少投资者对市场传闻等其他渠道信息的依赖程度，提升信息的可信赖度，增强股票价格的盈余信息含量，进而降低市场估值偏误（刘煜松，2005；徐昊，2012）。

（一）增量信息的视角

从增量信息的视角来看，当公司披露更多增量信息时，股价同步性会降低，即股价更能够反映公司的特质信息，而非仅受市场因素的影响（Shannon，1948）。同时，增量信息的披露也有助于降低股价崩盘风险，因为更多的信息披露意味着更少的坏消息被隐藏，从而减少了未来股价因坏消息集中爆发而大幅下跌的可能性。上市公司作为信息发布主体，其财务会计信息是资本市场信息的直接来源和重要组成部分，同时也是投资者价值判断的主要依据。这意味着信息披露会在很大程度上影响公司股票价格，信息披露不及时、不真实可能成为上市公司股票价格正确形成的"绊脚石"（Guttman等，2005；Lara等，2009；梁上坤等，2012；徐寿福和徐龙炳，2015）。现有研究认为，增量信息的披露会直接影响投资者的行为和市场对信息的反应。一方面，经营良好或有好消息的公司倾向于披露更多的增量信息，以向市场传递积极信号，吸引投资者关注并推动股价上涨；另一方面，市场在面对增量信息时，会迅速做出反应，将新信息纳入定价考虑，从而使股价更快速地调整到合理水平。但已有文献对信息生成过程的研究，主要关注信息发布者自身（CEO、CFO、董秘等）在传递信息提升资本市场效率方面的影响（Graham等，2013；毛新述等，2013；汪芸倩和王永海，2019）；以及同行公司之间的信息披露互动行为（Shroff等，2017；Breuer等，2020）；忽略了信息披露模式变化在提供增量信息，增强股价信息含量，抑制股价崩盘风险，维持资本市场稳定，改善资本市场效率方面的价值。《上市公司分行业信息披露指引》以信息披露为核心，以投资者需求为导向，要求企业在常规性披露的基础上，增加对公司所在行业、业务单元相关经营性信息的披露，同时强化对行业经营关键指标的对比呈现。这一方面能有效规范信息源，压缩企业操纵信息的空间，减少财务舞弊行为，提高信息的真实性和有效性；另一方面还能为外部信息使用者提供与同类公司比较的机会，更容易揭露企业的异常行为，从源头上遏制信息操纵动机，降低管理层的机会主义行为，缓解信息生成过程中的代理问题，进而提升资本市场定价效率。

（二）真实信息的视角

真实信息披露是资本市场健康运行的基石，不仅能够显著提高市场的透明度，使投资者更准确地了解公司的财务状况、经营成果和未来发展前景，助力投资者做出更明智的投资决策，促进资本市场定价效率的提升；还能有效降低资本市场的信息不对称，及时揭示公司的潜在问题和风险，减少坏消息的隐藏和积累，从而显著降低股价崩盘风险。张俊生等（2018）基于交易所预防性监管与公司股价崩盘风险的研究指出，交易所的问询函能够显著地降低上市公司的股价崩盘风险，且该种效应在信息不透明度越高的公司表现得越明显。万明和闫威（2017）对深交所上市公司信息披露考评机制的研究证明，信息披露考核与上市公司股价崩盘风险呈显著负相关，即信息披露考核结果越好，股价崩盘风险越低。林乐和郑登津（2016）以沪深交易所推行的"退市新规"为契机，研究了交易所退市监管与上市公司股价崩盘风险之间的关系，他们的研究发现更严格的退市监管使企业通过业绩提升的方式来降低其股价崩盘风险。并且这一效应在更低的企业代理成本、更好的信息透明度以及更强的外部治理环境中更显著。《指引》要求企业披露更多的行业经营性信息，提高其信息披露的有效性和针对性。具体而言，行业信息披露指引要求企业紧密围绕反映公司价值和风险的核心要素，强化行业宏观信息、客户市场开发、关键资源状况、盈利战略规划、关键流程执行"五个维度"的信息披露内容，增加对公司行业关键指标和业务信息的差别化披露要求，揭示公司经营发展趋势，提示行业风险因素。这使相同或相近行业内的公司形成一个更加明显的"社会网络"，能极大地规范行业信息披露指标口径，提升公司与同行业其他公司间的信息可比性，从而增强同侪压力，倒逼上市公司及时、准确地披露信息。此时，市场上的坏消息便不会被长时间隐藏或积累，从而减少了未来因坏消息集中爆发而引发的股价崩盘的可能性。同时，更为真实的信息披露还能增强投资者的信心，使他们更加信任公司的管理层和财务报告，有助于其建立稳定的市场情绪，减少恐慌性抛售和"羊群行为"，进而降低股价崩盘的风险（Kahneman 等，1973；Dong 等，2020）。

（三）可信赖信息的视角

可信赖的信息通常被定义为真实、完整、及时和透明的信息（Ball 和 Brown，1968）。在资本市场中，投资者依赖于公司披露的信息来评估其财务状况和未来前景。可信赖的信息能够有效减少管理层与外部投资者之间的信息不对称，使盈余信息更能真实反映公司的财务状况（Healy 和 Palepu，2001）。同时，可信赖信息能够提高信息透明度，使投资者能够更好地理解和解读盈余信息，减少了由于信息不对称导致的估值误差，从而促进市场价格向公司真实价值的回归，提升资本市场定价效率（Bushman 和 Smith，2001）。此外，高质量和可信赖的信息披露可以抑制管理层的盈余管理行为，从而提高盈余信息的真实性和可靠性（Dechow 和 Skinner，2000）。分行业信息披露通过细化披露要求，提高了信息的针对性和行业相关性。这使投资者能够更容易地理解和评估企业的财务状况和经营成果，从而增强他们对这些信息的信赖。以往通用的信息披露标准可能无法满足投资者对不同行业特殊性的需求，导致投资者难以准确判断企业的真实价值。而分行业信息披露恰好弥补了这一缺陷，它要求企业根据所在行业的特性和风险点进行更为详尽和透明的披露，这无疑提升了信息的可信度和有效性。同时，分行业信息披露的推行，还有助于减少企业盈余管理的空间。盈余管理是企业为了迎合市场预期或达到特定目标而进行的财务报表调整行为。这种行为往往会损害信息的真实性和可靠性，降低投资者的信赖度。然而，在分行业信息披露的框架下，企业需要按照更为严格和具体的标准进行信息披露，这限制了企业进行盈余管理的可能性，从而增加了盈余信息的真实性和含量。此外，当投资者对披露信息的信赖度增强时，他们更愿意依据这些信息进行投资决策。这意味着，盈余信息在投资者的决策过程中扮演了更为重要的角色。盈余信息含量的提高，不仅有助于投资者更准确地评估企业的盈利能力和未来发展前景，还能增强资本市场定价效率。

二、市场交易制度与资本市场定价效率

"经国序民，正其制度"，交易制度是资本市场健康发展的重要保障和有力支撑。为了抑制市场参与者的过度投机行为，防止市场出现过分暴涨暴跌现象，进而维护市场稳定、保护投资者利益，我国相继出台了涨跌幅限制、首日价格管制、熔断机制等一系列市场交易制度，旨在为投资者提供充足时间，获取有效信息，缓解恐慌情绪，降低市场的大幅波动。但事实上，很多研究发现，涨跌幅限制反而阻碍了股票价格在交易日当天达到均衡，导致真实价格发现的延迟（Lee 等，1994；Chan 等，2005；宋顺林和唐斯圆，2019）。例如，徐龙炳和吴林祥

（2003）的研究指出，涨跌停限制使股票价格存在一定程度的过度反应。屈文洲（2007）进一步指出，涨跌停限制不仅阻碍了股票价格的发现功能，还加剧了股票市场的波动性。王朝阳和王振霞（2017）基于 AH 股的比较研究也发现，涨跌停制度的实施是 A 股市场股价高波动的重要原因，涨跌停制度的存在，使股价不能迅速回归正常价值，常常存在补涨和补跌的现象，不仅进一步加剧了股价波动，也导致了股票价格的错误定价。除此之外，屈源育等（2018）的研究也指出，在 IPO 审核制度下，上市公司可以凭借稀缺的壳资源，获取真实价值以外的溢价。宋顺林和唐斯圆（2019）在对新股首日涨跌停制度的研究也表明，首日价格管制导致 IPO 溢价更高，同时还放大了新股上市后的股票换手率和股价波动率，使新股上市后股票价格的进一步非理性攀升，加剧了错误定价程度。

不仅如此，实务界和学界都一致认为卖空机制是资本市场交易体制中不可或缺的重要组成部分（Bri 等，2007；Saffi 和 Sigurdsson，2011）。一方面，卖空可以通过增加杠杆的信用交易制度提高资本市场流动性；另一方面，卖空还可以通过大规模的股票交易以及衍生的价格竞争提高资本市场的定价有效性（李志生等，2015；李锋森，2017）。因此，已有文献都表明，卖空限制对资产定价效率具有负面影响，在存在卖空约束的资本市场中，那些对未来预期持悲观态度的投资者只能选择抱憾离场，最终导致市场中充斥着乐观情绪，资产价格不能有效地吸收负面信息，不能真实反映资产的实际价格（Miller，1977）。2010 年，我国融资融券制度的正式实施，意味着资本市场"单边市"正式结束，随着卖空机制的引入，悲观投资者和乐观投资者的态度都能有效地反映在股价中，提高了资本市场的定价效率。李科等（2014）利用融资融券制度对卖空限制与股票市场错误定价之间关系的研究，发现卖空限制导致了不能被卖空的股票被严重高估，融资融券制度等做空机制的实施有助于矫正股价市场的错误定价，提高市场定价效率。由此可见，涨跌停限制、卖空交易等市场交易制度也是阻碍资本市场定价功能有效发挥的重要因素。

三、投资者非理性认知与资本市场定价效率

完全有效市场理论假设，投资者具有无限信息处理能力，能够及时充分地将所有公开信息反映在股价中。但随着行为金融学的发展，Kahneman（1973）、Hirshleifer 和 Toeh（2003）指出，注意力对于投资者来说是一种稀缺资源，分配在一件事物上的注意力增加必然相应减少对另一事物的注意力。正是因为投资者的有限理性，使其在对外部信息进行处理和编辑时，不能准确、充分地对全部信息进行简化和编码，也不能很好地将所有外部粗糙的"异码信息"转化为可供评价、识别的"己码信息"，因此，投资者会有选择地处理信息，对市场中的海量信息仅能保持有限关注（Kahneman 等，1973；Lavie，1995）。Sims（2003）的研究指出，投资者的这种有限关注行为会引起投资决策的偏差，进而影响资产价格与其内在价值的偏离程度。因此，越来越多的研究从投资者有限理性的视角出发，解释资本市场错误定价的原因。王生年和张静（2017）基于行为金融理论，以我国投资者和管理层双向有限理性为背景，认为产生资本市场错误定价的重要原因是投资者的有限理性认知，那些投资者关注度更高的股票，越有可能被高估。与之相反，权小锋和吴世农（2012）则发现，投资者注意力的增强能有效提高其对盈余信息的认知和解读效率，同时还能监督并抑制管理层的主观盈余操纵行为，进而减轻市场中的错误定价现象。总体而言，由于投资者认知的局限性，在面临资本市场超量信息时会有选择地分配其注意力，因此正是投资者的有限关注显著影响了资本市场的定价行为。因此有文献指出，资本市场中错误定价形成的关键驱动因素和前提条件是投资者的有限认知（权小锋和尹洪英，2015）。因此对投资者注意力现象的了解和研究，能够帮助形成正确的资产定价机制，提高资本市场的配置效率。

值得注意的是，投资者情绪作为非理性认知不可或缺的组成部分，不仅受市场情绪的影响，还会受到媒体的干扰。媒体作为信息传播的载体，在传递信息时，并非中性的传声筒，不仅向投资者传递上市公司的公开信息，也叠加了媒体自身对公司经营业绩、发展前景等方面的观点和看法（Mullainathan 和 Shleifer，2005；Gentzkow 和 Shapiro，2006）。Shiller（2002）较早指出，新闻媒体会积极塑造舆论，通过反馈机制（Feedback Mechanisms）和关注级联效应（Pay attention to cascading effects）两个渠道放大当前价格和可得历史信息之间的相关性，进而影响未来股票价格走势。可见新闻媒体在预期股票价格的形成中扮演着重要角色，游家兴和吴静（2012）的研究认为，新闻媒介能形成一个强大的意见气候，它所传递的情绪能影响投资者对事物的认识，导致投资者的趋同行为（如从众行为、羊群效应等），最终影响股票市场的定价机制。张静等（2018）的研究也得出了一致的结论，他们认为投资者情绪对资本市场错误定价能够产生直接影响，投资者情绪越乐观时，股价越被高估。与之相反，权小锋和吴世农（2012）在对媒体关注与资本市场错误定价的关系进行研究时发现，媒体关注的监督效应可以通过提高会计信息披露质量来抑制管理层的盈余操纵行为，从而达到提升市场盈余信息的定价效率，减少应计错误定价的效果。

四、简要评述

现有关于资本市场定价效率的文献较为丰富，为本书的进一步研究提供了基础和指引，但总体来看可能存在以下两方面需要进一步研究和深化：

（1）现有探讨信息披露如何影响资本市场定价行为的研究主要基于静态的信息发布或信息认知特征，鲜有文献将信息披露融入资产定价过程，系统探究其对资本市场定价效率的影响及作用机制。目前的研究绝大部分都是基于一种特定静态的信息披露特征，例如，在信息发布过程中发布者自身特征，信息解读过程中投资者认知能力，信息反馈过程中市场交易制度限制等进行分析。本章拟通过沪深交易所交错发布分行业信息披露指引这一准自然实验，结合资本市场定价动态过程，从分行业信息披露制度如何影响企业增量信息、投资者信赖信息以及资本市场反馈信息的视角，探讨分行业信息披露政策如何影响资本市场定价行为，弥补已有文献的不足。

（2）现有关于资本市场制度变革与定价效率的相关文献，忽略了信息披露模式变化对资本市场定价效率的影响。现有研究主要考察了涨跌停限制、IPO 审核模式变更、退市新规出台、停复牌政策变更等资本市场制度监管对定价效率的影响，却鲜有关注信息披露模式变化等自律监管行为带来的影响。分行业信息披露指引发布以沪深交易所为主导，突出交易所一线监管，本章以交易所信息披露监管模式转变为切入点进行研究，为此提供了一个新的研究视角。

从整体来看，关于资本市场定价效率的研究积累了一大批优秀文献，为本章的开展提供了有力的支撑。已有文献分别从资本市场信息不对称、市场交易制度限制、投资者非理性认知等角度，探讨了信息披露数量和质量、信息传递媒介、信息发布者自身特征以及投资者对信息的解读等对资本市场定价效率的影响，但却鲜有关注资本市场信息披露监管制度改革、信息披露模式转换对资本市场定价效率的影响。而"完善信息披露制度，深化监管体制改革"是推进资本市场全面深化改革的必然要求。本章拟从分行业信息披露制度改革出发，探究信息披露模式转变是否影响资本市场定价效率以及如何影响等问题，以此丰富和拓展资本市场定价效率相关文献。

第三章　制度背景与理论基础

本章详细阐述我国分行业信息披露的提出背景、披露规则的主要变化及执行情况，并结合信息不对称理论、委托代理理论等，构建分行业信息披露影响资本市场定价效率的理论分析框架，为后文的实证检验奠定基础。

第一节　分行业信息披露制度背景

一、分行业信息披露制度提出背景

随着经济全球化的推进以及科技的飞速发展，资本市场呈现日益复杂的态势。以"新技术、新产业、新业态、新模式"为代表的新经济蓬勃兴起，使上市公司的行业门类不断增加，行业结构和业务模式发生了深刻变化。在这种背景下，以传统制造业上市公司为主要假设前提的信息披露规则已经难以适应不同行业上市公司在商业模式、估值基础、盈利和竞争优势等方面的差异化披露需求。例如，互联网企业的用户流量、数据资产等关键要素在传统披露框架下无法得到充分体现，导致投资者难以全面准确地了解这些企业的真实价值和潜在风险。为进一步提高信息披露监管的精度和深度，沪深交易所变革上市公司信息披露监管模式，由按辖区监管转换为分行业监管，从行业角度推动上市公司披露更多与投资者决策相关的信息，以期更加准确地揭示上市公司的投资价值。具体而言，改变辖区监管模式，实施分行业监管，主要是出于以下四方面的考虑：

（1）更好履行交易所承担的自律监管职责。根据《中华人民共和国证券法》和证监会《上市公司信息披露管理办法》等规定，证券交易所应当对上市公司及其他信息披露义务人披露信息进行监督，督促其真实、准确、完整、及时、公平地依法披露信息。同时，在市场化改革不断推进和深化的背景下，资本市场的监管重心将逐渐下移，交易所将成为资本市场监管体系中日益重要的一环，需要更为积极自主地履行自律监管职责。相对而言，分行业信息披露监管是以投资者需求为导向，更为科学合理、专业高效的监管模式。交易所以此为抓手，调整监管理念，优化监管机制，创新监管方法，提高监管效能，是为了更好地履行《中华人民共和国证券法》所赋予的自律监管职责，更好地服务和回应投资者诉求。同时，随着投资经验的积累和市场环境的变化，资本市场的投资者群体日益庞大且多元化，投资者对于上市公司信息披露的需求也发生了显著变化。他们不再满足于简单的财务报表数据，而是更加关注与企业经营实质相关的深层次信息，如行业发展趋势对企业的影响、企业的核心竞争力来源、潜在的经营风险等，期望通过更加详尽、准确且具有针对性的信息披露，来做出更为明智的投资决策。

（2）更好应对信息披露监管新要求。证券监管部门一直致力于维护资本市场的公平、公正、公开，保障投资者的合法权益。在新的经济形势下，监管模式也需要与时俱进，进行相应的转型。一方面，传统的监管方式侧重于合规性审查，主要关注上市公司是否按照既定的规则进行信息披露，而对于披露信息的质量、有效性以及针对性关注不够。这种监管模式难以适应资本市场日益复杂的业务环境和投资者多样化的需求。另一方面，随着资本市场规模的不断扩大，监管资源相对有限，如何更加高效地利用监管资源，提高监管效能成为监管部门面临的重要课题。分行业信息披露制度的推行，有助于监管部门将有限的资源集中于重点行业和关键领域，实现精准监管，提高监管的专业性和有效性。此外，国家层面也出台了一系列政策文件，对资本市场的发展和信息披露制度的完善提出了明确要求。例如，2013 年国务院办公厅发布了《国务院办公厅关于进一步加强资本市场中小投资者合法权益保护工作的意见》（国办发〔2013〕110 号）、2014 年国务院发布《关于进一步促进资本市场健康发展的若干意见》（国办发〔2014〕17 号）等资本市场改革发展的系列重要文件，强调要以投资者需求为导向，督促上市公司履行好信息披露义务，完善信息披露体系建设。这一政策导向为分行业信息披露制度的提出奠定了政策基础，明确了信息披露制度改革的方向，即要更加注重满足投资者需求，提高信息披露的质量和有效性。此外，2020年国务院发布《国务院关于进一步提高上市公司质量的意见》（国发〔2020〕14 号）进一步完善分行业信息披露标准，优化披露内容，增强信息披露针对性和有效性。这些政策文件的出台，从宏观层面推动了分行业信息披露制度的建立和发展。与此相呼应，中国证监会也提出，要确立以信息披露为中心的监管理念，大力推进监管转型，以投资者需求为导向，使信息披露更好地为投资者服务，而不是仅服务于监管自身的需求。

（3）更好适应信息披露直通车实施后监管形势新变化。与直通披露相适应，上交所上市公司监管部门的工作流程也更为优化和高效，审核人员已实现于每日下午收市后，与投资者在同一时间知晓上市公司直通披露的股价敏感信息和其他一般信息，随后进行相应的事后审核。上交所在信息披露监管中的角色和重心，已由既往的事先审核把关为主转移到事中事后的监督处理为主。这些变化都为上交所进一步调整现有的监管模式创造了很好的前提条件。同时，在证监会大力推进市场化改革的氛围下，资本市场的内在活力被极大激发，各类创新层出不穷，客观上也造成了信息披露监管面临的环境和形式更加复杂，事后监管的任务更加繁重。从投资者信息需求出发，及早发现异常情况，及时处置热点问题，加大对各类违法违规问题的打击力度，不断提高信息披露的有效性和针对性，已成为上交所自律监管工作面临的现实挑战。由此进一步提高信息披露监管的精度和深度，不仅是市场和投资者对上交所提出的外部要求，也是直通车实施后，上交所履行监管职责和树立监管权威的内生选择。

（4）更好服务蓝筹市场发展。根据证监会《2024 年 3 季度上市公司分类统计结果》的数据，我国沪深 A 股上市公司数量已逾 5111 家，涉及 19 个行业门类，81 个行业大类。在市场规模不断扩大的同时，上市公司的行业门类也更完整。金融、地产、采矿、交通运输等国民经济基础性、支柱性产业稳步发展，文化、信息通信、高端设备制造、互联网等新兴产业上市公司的数量也有所增加，上市公司的行业结构和规模发生了很大变化，上交所和深交所市场已经逐步形成了"一所连百业"的市场行业格局。同时，随着市场服务实体经济的能力和包容性的不断增强，以传统制造业上市公司为主要假设前提的信息披露规则已经难以适应不同行业上市公司在商业模式、估值基础、盈利和竞争优势等方面的差异化披露需求。从行业角度来看，推动上市公司披露更多与投资者决策相关的信息，从而更为准确地揭示上市公司的投资价值，已经成为全市场的期盼。由此，行业监管的市场基础已经具备，实施时机已经成熟。

二、分行业信息披露主要变化

（1）信息披露监管模式的重构。从监管模式上来看，分行业信息披露制度实现了从传统的辖区监管模式向分行业监管模式的重大转变。辖区监管模式已运行近 20 年，在集中把握特定辖区上市公司整体情况，督促上市公司履行信息披露义务，及时与证监会派出机构开展监管协作、形成监管合力等方面，发挥了积极的作用。在辖区监管模式下，由交易所配合各地证监局对辖区内上市公司进行监管，监管人员主要按照上市公司所在的地理区域进行划分，负责对辖区内的所有上市公司进行监管。这种模式的优点在于便于集中管理和协调，但根据有限关注理论，有限的时间、精力以及成本的约束等因素使监管人员在面对同一辖区内大量不同公司时难以有效识别公司的信息披露违规行为，监管工作整体上可能是粗放的。随着我国改革开放的逐渐深入以及资本市场的国际化发展，辖区监管模式的弊端也日益凸显。在辖区监管模式下，同一监管人员需要监管众多不同行业的上市公司，在监管工作中，由于不同行业的上市公司具有不同的业务特点和风险特征，辖区监管人员难以对各行业的专业知识和监管要点有深入的了解，导致监管的针对性和有效性不足。而且辖区监管模式下，企业和监管人员处于同一区域，两者之间"私下交流"也更为便利，"寻租"问题便由此滋生，这些问题使得监管标准的改革迫在眉睫。

为解决辖区监管带来的问题，提升信息披露质量，更好地服务投资者，深化上交所和深交所落实以信息披露为中心的监管理念，证监会与沪深两所开始监管改革。先是在2013年，上交所和深交所就陆续推出了上市公司行业信息披露指引，后又分别于2015年1月和8月宣布将正式调整上市公司信息披露监管模式，将原按公司所在区域配备监管人员的辖区监管模式变更为按公司所在行业配备监管人员的分行业监管模式。分行业监管模式则是以行业为划分依据，将上市公司按照其所属行业进行分类，由专门的监管人员对同一行业的上市公司进行监管，年报审核也相应地由同一组监管人员负责。同一行业的监管人员只需重点关注该行业，还可以比较分析同一组内公司的信息披露。这样一来，监管人员可以更加深入地了解所负责行业的市场动态、业务流程、风险因素等，从而实现更加精准、专业的监管。例如，对于金融行业的监管人员，他们能够专注于金融行业的特有风险，如系统性风险、信用风险等，制定更为有效的监管措施。实施分行业监管后，行业维度成为交易所监管上市公司的分类标准，在此标准下，交易所根据公司所在行业的相似性配备监管人员，并将交易所的监管重心转向为事中和事后，努力向以问题为导向的"医生式"监管转变。在该模式下，处于同一行业的公司被认定为集中监管群体，据此配置监管力量，进而便于比较、分析和判断同一群体内公司在经营状况、业务模式、财务状况等方面的共同属性与差异情况，以进一步强化信息披露监管的精确度与深层度。在分行业监管模式下，信息披露监管目标不仅关注信息真实性、内容完整性、披露及时性等，还强调信息披露要持续有效、简明可比以及具有针对性。这就要求上市公司以一般信息披露规则为基础，多加收集和整理行业信息，披露更多具有个性化特征的信息，以展现自身投资价值，同时便于投资者发现潜在风险，从而促进投资者投资效率的提升。以零售企业为例，在新监管模式下，上市公司还应报告店铺数目及分布、经营场所建筑面积与经营面积、店铺每平方米销售额度、店铺每平方米租金等关键指标，并分析其变化的原因。

辖区监管和分行业监管模式的差异如图3-1所示。

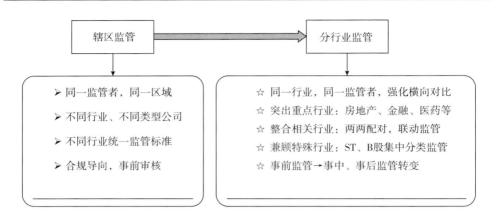

图 3-1 辖区监管与分行业监管差异比较

资料来源：笔者整理所得。

（2）信息披露内容的深化与拓展。分行业信息披露制度在信息披露内容方面也做出了重大调整，行业信息披露指引从多个维度对上市公司应当履行的披露义务进行了规范，包括定期报告与临时报告、财务信息与非财务信息、价值与风险等。在财务信息披露的基础上，更加注重非财务信息的披露。除了传统的财务报表数据外，上市公司需要披露更多与行业相关的非财务信息，即从自身行业特性与投资者需求视角披露更多行业经营信息，如行业发展状况、市场竞争格局、技术创新趋势等，而不是仅考虑监管机构的信息需求。这些非财务信息对于投资者全面了解企业的经营环境和发展前景具有重要意义。同时，强调披露信息的针对性和有效性。上市公司不再是简单地按照统一模板进行信息披露，而是要根据自身所在行业的特点，有针对性地披露关键指标和重要信息。例如，对于医药行业的上市公司，需要披露药品研发管线、临床试验进展、医保目录纳入情况等行业特有的信息，以便投资者能够准确评估企业的投资价值和风险。此外，还鼓励上市公司披露前瞻性信息，如未来的业务发展规划、市场拓展计划等。通过披露前瞻性信息，投资者可以更好地了解企业的战略布局和发展潜力，从而做出更具前瞻性的投资决策。

（3）信息披露标准的细化与差异化。为了实现更加精准的信息披露，分行业信息披露制度对不同行业制定了细化且差异化的信息披露标准。不同行业由于其业务性质、经营模式、风险特征等方面的差异，需要有不同的信息披露要求。例如，对于高风险的金融行业，其信息披露标准可能更加严格，要求披露更多关于风险管理、资本充足率等方面的信息；而对于相对稳定的公用事业行业，其信息披露标准则可能侧重于运营效率、服务质量等方面的信息。通过制定细化且差异化的信息披露标准，一方面可以满足不同行业投资者的特定需求，另一方面也有助于监管部门对不同行业进行更加有效的监管。

（4）信息披露形式的优化。在信息披露形式方面，分行业信息披露制度也进行了优化。要求信息披露语言更加通俗易懂，避免过多使用专业术语和晦涩难懂的表述，更加强调信息披露的可理解性。要求信息披露内容有助于投资者理解公司的财务状况与经营状况，还强化公司对所处行业、业务模式、核心竞争力的披露，要求公司应当对可能造成投资者理解障碍以及特定含义的专业用语作出通俗易懂的解释。例如，要求房地产行业上市公司的年报对土地储备、房地产出租、销售等情况作出披露；要求石油和天然气开采行业上市公司的年度报告披露基本营运统计数据、截至报告期末石油和天然气储量及其报告期间变动情况，占证实储量15%及以上的地理区域应单独披露；要求煤炭行业上市公司的年报应当披露公司及其重要子公司（收入占主营业务收入10%以上的前五名子公司）的主要矿区所处位置、煤种、保有储量等信息。进一步地，引入"不披露即解释"的市场化原则，即对于不能按照指引披露信息的公司，应当向市场公开解释无法披露的原因。如公司既不能按照指引披露信息，也不解释原因，则属于违反上市规则的行为，上交所将根据情节予以相应处理。同时，强调信息披露的简洁性和明了性。上市公司应避免冗长烦琐的信息披露，而是要将关键信息以简洁明了的方式呈现出来，便于投资者快速抓取重要信息。例如，可以采用图表、数据可视化等方式对一些复杂的数据进行展示，提高信息的可读性。

三、分行业信息披露执行情况

为规范分行业信息披露监管体系建设，引导上市公司披露行业经营性信息，自2013年起，深圳证券交易所和上海证券交易所陆续颁布了《上市公司行业信息披露指引》（以下简称《指引》）（见表3-1）。其中，深交所的行业信息披露指引共有两套体系。

（1）创业板新兴行业披露指引体系，重点突出创业板的创新创业特色，涵盖13个行业：①创业板：2013年1月7日首次发布了创业板行业信息披露指引1号和2号，涉及广播电影电视、药品和生物制品等行业；②2015年7月4日再次发布创业板行业信息披露指引3号和4号，涉及光伏产业链、节能环保服务等业务行业；③2015年9月2日相继发布创业板行业信息披露指引5号、6号、7号，分别涉及互联网游戏、互联网视频、电子商务等行业；④2016年9月19日发布创业板行业信息披露指引8号，主要涉及互联网营销行业；⑤2017年3月13日发布创业板行业信息披露指引9号和10号，分别涉及从事LED产业链相关业务和医疗器械的相关行业；⑥2019年11月3日，发布创业板信息披露指引

11 号、12 号、13 号，分别涉及工业机器人产业链、集成电路和锂电子电池产业链相关行业。

（2）市场关注度较高的传统行业信息披露指引体系，重点突出深市的产业集聚效应，与一般传统制造业相比存在一定特殊性的热点领域，涵盖了 13 个行业：①深交所：2015 年 12 月 28 日发布深交所行业信息披露指引 1 号、2 号和 3 号，分别涉及畜牧和水产养殖、固体矿产资源、房地产等行业；②2016 年 11 月 14 日发布了深交所行业信息披露指引 4 号、5 号和 6 号，分别涉及种业种植业务、工程机械、装修装饰等行业；③2017 年 5 月 19 日发布深交所行业信息披露指引 7 号，主要涉及土木工程建筑业务；④2017 年 10 月 20 日发布深交所行业信息披露指引 8 号和 9 号，分别涉及零售相关业务、快递服务业务等。

（3）上交所制造业公司数量众多、特点迥异，综合考虑在国民经济中的比重、同行公司数量以及市值占比，确立了"突出重点行业、整合相关行业、兼顾特殊行业"的划分标准，除一般规定外，制定 28 个行业指引：①上交所：2015 年 9 月 11 日分别发布上市公司行业信息披露指引 2~7 号，涉及房地产、煤炭、电力、零售、汽车制造、医药制造等行业；②2015 年 12 月 11 日发布上市公司行业信息披露指引 8~13 号，涉及石油和天然气开采、钢铁、建筑、光伏、服装和新闻出版等行业；③2016 年 12 月 2 日发布了上市公司行业信息披露指引 14~20 号，涉及酒制造、广播电视传输服务、环保服务、水的生产和供应、化工、航空运输、农林牧渔等行业；④2018 年 12 月 28 日发布了上市公司行业信息披露指引 21~28 号，涉及集成电路、航空船舶铁路运输设备制造、医疗器械、食品制造、黄金珠宝饰品、影视、家具制造、有色金属等行业。

表 3-1 《上市公司行业信息披露指引》发布情况①

沪市	《指引》序号	涉及行业	深市	《指引》序号	涉及行业
上交所	第二号	房地产	深交所	第一号	畜禽水产养殖
上交所	第三号	煤炭	深交所	第二号	固体矿产资源
上交所	第四号	电力	深交所	第三号	房地产
上交所	第五号	零售	深交所	第四号	种业种植业
上交所	第六号	汽车制造	深交所	第五号	工程机械
上交所	第七号	医药制造	深交所	第六号	装修装饰

---

① 本表所列《上市公司行业信息披露指引》发布情况，截止到 2020 年 1 月 1 日。其中，上海证券交易所《指引》第一号文件为《上市公司行业信息披露指引第一号——一般规定》。

续表

沪市	《指引》序号	涉及行业	深市	《指引》序号	涉及行业
上交所	第八号	石油和天然气开采	深交所	第七号	土木工程建筑
上交所	第九号	钢铁	深交所	第八号	零售
上交所	第十号	建筑	深交所	第九号	快递服务
上交所	第十一号	光伏	深交所	第十号	民用爆破
上交所	第十二号	服装	深交所	第十一号	珠宝
上交所	第十三号	新闻出版	深交所	第十二号	软件与信息技术服务
上交所	第十四号	酒制造	深交所	第十三号	非金属建材
上交所	第十五号	广播电视传输服务	创业板	第一号	广播电影电视
上交所	第十六号	环保服务	创业板	第二号	药品生物制品
上交所	第十七号	水的生产与供应	创业板	第三号	光伏产业链
上交所	第十八号	化工	创业板	第四号	节能环保服务
上交所	第十九号	航空运输	创业板	第五号	互联网游戏
上交所	第二十号	农林牧渔	创业板	第六号	互联网视频
上交所	第二十一号	集成电路	创业板	第七号	电子商务
上交所	第二十二号	航空船舶铁路运输设备制造	创业板	第八号	互联网营销
上交所	第二十三号	医疗器械	创业板	第九号	LED产业链
上交所	第二十四号	食品制造	创业板	第十号	医疗器械
上交所	第二十五号	黄金珠宝饰品	创业板	第十一号	工业机器人
上交所	第二十六号	影视	创业板	第十二号	集成电路
上交所	第二十七号	家具制造	创业板	第十三号	锂电子电池
上交所	第二十八号	有色金属			

资料来源：笔者整理所得。

上述《指引》突出强调结合行业经营模式，披露行业关键指标和差异化信息，从定期报告和临时报告、财务信息与非财务信息、行业特征与公司特征、价值与风险等多个维度对上市公司应当履行的披露义务进行规范，要求公司紧密结合行业特点披露相关经营情况，并力求使报表更易于理解。不仅如此，各《指引》均设置了具体的量化披露标准：例如，2017年1月1日起实施的《上市公司行业信息披露指引第十九号——航空运输》，明确要求上市公司重点披露对公司经营有重大影响的政治事件、油价及汇率波动情况，并进行敏感性分析。同时，《指引》强化了关于航线、运力、机队、飞行员等关键行业经营信息的披露要求。此外，考虑到航空运输业的特殊性，对于公司购买及出售飞机等日常交易，允许使用"运力"来替代"金额"指标。《指引》充分考虑了信息披露必要性和披露成本之间的关系，为了避免信息过载，兼顾成本收益原则，《指引》也规定了具体的重要性指标。例如，《深证证券交易所行业信息披露指引第九号——上市公司从事快递服务业务》中绝大多数行业特殊事项均要求在年度报告中披露，对半年度报告则做了较低的披露要求，临时报告仅规定了披露月度经营数据一项规定；《上市公司行业信息披露指引第三号——煤炭》明确指出，煤炭行业公司单一地区、业务板块、煤炭品种、煤炭来源的营业收入占总营业收入5%以下的，可免于披露。

第二节　理论基础

随着资本市场的不断发展，信息披露在其中的作用日益凸显。分行业信息披露作为一种新的信息披露模式，旨在提高信息披露的针对性和有效性的同时，提升资本市场的定价效率。本章将从有效市场理论、信息不对称理论、委托代理理论、信号传递理论等多个理论视角出发，系统阐述分行业信息披露影响资本市场定价效率的理论基础，并分析其影响机制。

一、有效市场理论

证券市场中资产价格总是能够"充分反映"（Fully Reflect）所有可得信息（All Available Information）的变化是有效市场假说（Efficient Markets Hypothesis，EMH）的经典定义（Fama，1970）。有效市场假说实际上揭示的是信息在多大程度上反映到证券价格中，如果所有可得信息全部被反映在证券价格中，则市场有效。有效市场假说是资产定价的基础，也是近几十年来经典金融学中最重要的命题之一，由 Fama 和 Jenson 提出，经过推进和深化发展成一套认识金融市场的理论分析框架。该理论认为在参与市场的投资者拥有足够理性，并且能够迅速对所有市场信息作出合理、准确反应的假设前提下，在法制健全、信息透明、功能良好的股票市场中，一切有价值的信息都能及时、准确、充分地反映在当前股价当中。换言之，在有效市场理论的支撑下，资产的真实价值始终与其基本价值保持一致，股票价格是对其内在价值的真实反应，因此不会出现股票价格的高估或低估现象，即资产不会被错误定价。

有效市场理论的成立依赖于三个假设前提：

第一，假定资本市场上的所有交易者都是完全理性的，市场的信息会同一时间被所有的理性人掌握，他们能对金融资产做出合理的价值评估。且当市场上出现新信息时，投资者可以通过公司的盈利情况来推测公司的真实价值，调整对股价的合理预期，使得股票价格总能与公司的内在价值保持一致。但这种假设是不现实的，它完全忽略了市场机制在定价和价格波动中的作用。事实上，公司信息披露会对股票价格产生影响进而影响资本市场的定价效率。公司经营性信息可以综合反映企业的真实经营状况、风险水平等，并最终反映在股票价格中，也即公司股价变动实际上是各种信息综合作用的结果。而分行业信息披露监管以投资者的信息需求为导向，引导和鼓励企业披露揭示公司真实经营、治理和潜在风险的个性化信息，为投资者提供更多关于公司特质的经营信息、真实性发展信息、可信赖的具有行业可比性的信息，这些信息增加了市场上的信息总量，降低投资者的信息搜寻和处理成本，缓解信息不对称，有助于提高资本市场定价效率。因此，有效市场假说为研究分行业信息披露监管对资本市场定价效率的影响提供了重要的理论依据。

第二，投资者的交易行为是独立、随机的，即使市场上存在非完全理性投资者，他们之间独立、随机的交易行为也是可以相互抵消、对冲的，对股票的价格不会产生影响，市场仍然是有效的。分行业信息披露通过提供更透明和详细的信息，使得理性投资者和非理性投资者均能够获得相对对称的信息，从而更好地识别和利用这些信息进行投资决策。并且在这种情况下，非理性投资者的影响更容易被理性投资者的交易行为所抵消，因为信息对所有投资者都是透明和可获得的，这种信息对称性进一步增强了市场的定价效率。

第三，市场上存在理性的套利者，当出现股票价格未能充分反映市场信息时，市场中的理性套利者会迅速通过套利行为抵消其对价格的影响。分行业信息披露通过提供更详细和透明的公司信息，使得市场中的理性套利者能够更好地识别价格与价值之间的偏差，并通过买入低估股票或卖出高估股票来纠正这种偏差，从而抵消非理性行为对价格的影响。此外，分行业信息披露提供的增量信息还能吸引更多分析师、机构投资者等专业投资者，从而增加市场流动性。更高的流动性意味着价格可以更迅速地调整以反映新信息，减少价格的滞后性，这种动态调整过程有助于提高资本市场的定价效率。

二、信息不对称理论

信息不对称理论是经济学中的一个重要概念，最早由肯尼斯·约瑟夫·阿罗于1963年首次提出。信息不对称理论，是指在市场经济活动中，各类人员对有关信息的了解存在差异，掌握信息较多的一方往往处于有利地位，而信息贫乏的一方则处于不利地位。这种信息不对称可能导致逆向选择和道德风险等问题，影响市场的公平性和效率。在资本市场中，信息不对称通常表现为公司管理层或内部人士掌握比外部投资者更多的公司运营和财务信息。这种信息不对称可能导致市场参与者无法全面了解公司的真实运营情况和未来发展潜力，从而无法准确评估公司的真实价值，影响其投资决策的准确性和资本市场的定价效率。信息不对称理论揭示了市场经济中信息分布的不均衡状态，这种不均衡不仅存在于买家和卖家之间，也存在于大股东和小股东、债权人和债务人等利益相关者之间。信息的差异可能导致交易双方对交易标的的价值评估出现偏差，进而影响交易价格的公正性和市场资源配置的效率。

信息不对称对资本市场的定价效率具有深远的影响，主要体现在以下七个方面：

第一，由于投资者无法获得充分的信息，他们在进行投资决策时往往依赖于不完整或不准确的信息。这种信息的不足可能导致投资者对公司价值的评估出现偏差，进而导致股票价格偏离其内在价值。

第二，信息不对称可能导致市场参与者之间的不信任，从而减少市场的流动性。当投资者认为他们处于信息劣势时，他们可能会减少交易活动，以避免因信息不对称而遭受损失。这种流动性的下降进一步降低了市场的定价效率。

第三，信息不对称还可能导致公司内部人士进行内幕交易，从而损害市场的公平性和透明度。总之，信息不对称通过影响投资者的决策、市场流动性和市场公平性，对资本市场的定价效率产生影响。

第四，分行业信息披露制度要求上市公司按照行业特点和规范进行更为详尽的经营性信息披露，从而为投资者提供更多增量信息、真实信息和可信赖信息，缓解资本市场中的信息不对称问题。

第五，相较于传统的通用信息披露，分行业信息披露要求公司根据其所在行业的特性和风险进行更具针对性的披露，增加了资本市场的信息总量。这使得投资者能够更深入地了解公司的运营状况、行业趋势以及潜在风险，从而做出更为准确的投资决策。

第六，分行业信息披露通过制定严格的披露标准和审核程序，有助于确保信息的真实性。这降低了投资者因虚假信息而做出错误决策的风险，也降低了公司的坏消息隐藏，缓解了股价崩盘风险，提高了资本市场的定价准确性。

第七，分行业信息披露通过强制性的信息披露要求，提高了信息的可靠性和可比性，增强了市场的透明度和信任度。可信赖的信息使投资者能够更自信地进行投资决策，增强股价的盈余信息含量，从而提升资本市场的定价效率。综上所述，分行业信息披露制度通过提供增量信息、确保信息的真实性和增强信息的可信赖度来有效缓解资本市场中的信息不对称问题。这不仅有助于投资者做出更为准确的投资决策，还能提高市场的透明度和公平性，进而提升资本市场的定价效率。

三、委托代理理论

委托代理理论是现代企业管理理论的重要组成部分，它主要研究在所有权和控制权分离的制度安排下，委托人（通常是股东或投资者）与代理人（通常是公司管理层）存在利益不一致和信息不对称时，委托人如何设计有效的激励机制和监督机制，以促使代理人按照委托人的利益最大化目标行事（Jensen 和 Meckling，1976）。委托代理理论强调，通过设计适当的激励机制和监督机制，缓解委托人和代理人之间利益冲突和信息不对称导致的代理问题，从而实现委托人和代理人之间的利益协调。

委托代理问题对资本市场定价效率也会产生显著影响。在资本市场中，上市公司是代理人，股东或其他利益相关者是委托人。一方面，代理问题可能导致公司管理层出于自身利益考虑，选择性地披露信息，甚至隐瞒或扭曲关键信息，增加了资本市场中的信息不对称，降低了信息披露的质量和透明度，使得投资者难以准确评估公司的真实价值，从而导致市场定价偏差。另一方面，代理问题还可能导致管理层利用信息优势进行内幕交易、操纵市场等不当行为破坏资本市场的正常运行秩序，对资本市场的健康发展构成威胁。此外，代理问题还可能导致公司管理层进行不当的投资决策，例如，过度投资或投资不足，以满足其个人或短期利益。这种不当决策可能影响公司的长期价值，进而影响市场对公司股票的定价。当市场价格受到代理问题的影响而偏离真实价值时，资金可能流向低效或高风险的项目，而优质项目则可能因被低估而得不到足够的资金支持。这种资源配置的扭曲不仅损害了投资者的利益，也阻碍了资本市场的有效运行和经济的持续发展。

分行业信息披露制度作为一种重要的监管手段，其设计理念与委托代理理论紧密相连。该制度通过要求上市公司按照行业特点和规范进行更为详尽和专业的信息披露，旨在缓解委托代理问题并提高资本市场的定价效率。

首先，分行业信息披露制度要求公司提供的特定行业特征和风险等增量信息，有助于投资者更全面地了解公司的运营状况、行业地位及未来发展潜力，从而降低因信息不对称而导致的代理成本。当投资者拥有更多关于公司的具体信息时，他们能够更准确地评估公司的价值，进而做出更明智的投资决策。

其次，分行业信息披露制度强调信息的真实性和完整性。通过制定严格的披露标准和审核程序，可以大大提高上市公司信息披露的真实性和可靠性，从而增强投资者对信息的信赖度。这种信赖关系的建立有助于降低投资者因担心信息失真而要求的额外风险溢价，进而提高资本市场的定价效率。同时，真实的信息披露也有助于减少代理人的道德风险和机会主义行为，保护投资者的利益。

最后，在分行业信息披露的框架下，同一行业内的公司需要遵循相同的披露标准和格式，这使投资者能够更容易地对不同公司进行比较和分析。这种可比性的提升有助于投资者更准确地识别出优质公司和劣质公司，从而做出更合理的投资决策。同时，一致性的信息披露也有助于稳定市场预期和减少市场波动，为资本市场的高效运行提供有力支持。

四、信号传递理论

信号传递理论源于信息经济学，主要研究在信息不对称的条件下，信息优势方如何通过发送信号来将其私有信息传递给信息劣势方，从而影响其决策。在资本市场中，这一理论尤为重要，因为上市公司（信息优势方）需要通过信息披露向投资者（信息劣势方）传递公司经营状况、财务状况及未来发展潜力等信号。这些信号不仅影响投资者的投资决策，还关系到公司的市场价值和资本市场的整体运行效率。

在信号传递理论的框架下，信息披露被看作一种有意识的策略行为，公司通过选择性地披露信息来塑造市场对其价值的认知。当信息披露传递的是积极信号时，能够提升投资者对公司的信心，从而吸引更多资金流入，推动股价上涨，实现更为合理的市场定价。相反，如果公司传递出消极信号或者信息披露不足，则可能导致投资者信心下降，资金流出，股价下跌。当公司主动披露更多信息时，投资者能够更准确地评估公司的真实价值和未来发展前景，从而做出更明智的投资决策。这种信息透明度的提升有助于资本市场的有效运行，使价格更真实地反映公司的内在价值。此外，为了吸引投资者并获得更好的市场评价，公司有动力改善经营业绩、提升信息披露质量。这种竞争态势有助于提高整个资本市场的定价效率和资源配置效率。

分行业信息披露制度要求上市公司按照行业特点和规范进行更为详尽和专业的信息披露，这不仅有助于降低信息不对称，还能通过信号传递提升资本市场的定价效率。

首先，分行业信息披露制度强化了信号的针对性和有效性。由于不同行业具有不同的经营特点和风险特征，通用的信息披露要求可能无法充分反映这些差异。通过分行业信息披露，公司能够提供更具行业特色的信息，使投资者能够更准确地理解公司的业务模式和盈利能力。这种针对性的信息披露增强了信号的传递效果，有助于投资者做出更精确的定价决策。

其次，分行业信息披露制度提高了信息的可比性和一致性。在统一的行业披露标准下，同行业内的不同公司之间的信息更具可比性，这有助于投资者识别行业内的优质公司和劣质公司。同时，一致的信息披露格式和内容也降低了投资者处理信息的成本，提高了决策效率。

最后，分行业信息披露制度还通过增强市场的信任度来提升定价效率。当投资者认为上市公司提供的信息是可靠和有价值的时，他们更愿意基于这些信息做出投资决策。这种信任关系的建立有助于稳定市场预期并减少不必要的市场波动，从而提高资本市场的整体定价效率。

第四章　分行业信息披露与股价同步性

为了深入考察分行业信息披露与资本市场定价偏误的关系，本章进一步从信息发布的视角，探讨分行业信息披露影响资本市场定价偏误的内在机理。拟回答分行业信息披露是否能约束信息发布过程中的机会主义行为，从源头上抑制企业盈余操纵动机，进而缓解资本市场定价偏误？并在此基础上，考察企业代理问题、信息透明度等的调节效应。

第一节　问题提出

股价同步性是指在市场交易中股票价格表现出的同涨同跌现象，这种现象存在于各国资本市场中，但在新兴经济体中表现得尤为明显（Morck 等，2000）。从数学关系上来看，股价同步性刻画了个股价格波动与市场价格变化之间的相关性，反映了公司特质性信息融入股票价格的程度，因而一直被视为衡量资本市场信息效率的重要指标（伊志宏等，2019）。如何改善资本市场信息环境，降低股价同步性也一直是实务界和学术界讨论的热点话题。现有研究主要从法制环境（Morck 等，2000；游家兴等，2007）、市场中介关注（Chan 和 Hameed，2006；朱红军等，2007）、公司治理特征（方红星等，2009；Ferreira 和 Laux，2007；Gul 等，2010）等视角出发，对股价同步性影响因素相关问题进行了探讨，却鲜有关注信息披露制度变化带来的影响。事实上，信息披露制度会对信息生成、发布和接收的全过程产生系统性的影响。基于此，本书拟从交易所分行业信息披露监管的视角出发，对这一问题进行研究，以弥补现有文献的不足。

投资者从接收信息到做出经济决策的过程实质上是对信息进行加工、解码和再认知的过程。由于时间、专业知识和认知能力的局限，投资者特别是小型非专业投资者往往难以正确理解公司信息所传递的价值内涵，导致信息难以充分反映到股价上（Kim等，2019）。分行业信息披露充分考虑不同行业的特性，要求在一般性披露的基础上，增加对行业经营性信息和关键性指标的披露。这使投资者能在无须深入掌握行业专门知识的基础上，快速获取公司价值定位、经营战略等相关信息，进而改善信息价值认知。此外，分行业信息披露带来的信息增量以及同行业公司披露口径的规范，有助于降低分析师的信息挖掘成本，吸引更多分析师关注，进而增强信息的传播和专业解读，促使投资者更好地将信息反映到交易中（DeFranco等，2011）。因此，从理论上看，分行业信息披露能降低投资者的信息解读成本，同时吸引分析师关注，加速公司特质性信息向股价的融入，进而降低股价同步性。

在上述分析的基础上，本书进一步结合沪深交易所交错发布上市公司分行业信息披露指引这一准自然实验场景，对分行业信息披露与股价同步性的关系进行了实证检验。研究结果显示，分行业信息披露政策的实施显著降低了公司股价同步性。在经过一系列稳健性检验后，这一结果依然成立。进一步的研究发现，在内部控制水平较高、报表经由十大会计师事务所审计时，分行业信息披露降低股价同步性的效果更为明显。这表明分行业信息披露政策的实施效果依赖于良好内外部治理环境为支撑。最后的机制检验表明，分行业信息披露通过降低投资者信息解读成本，吸引分析师关注，进而缓解信息不对称降低股价同步性。

与已有文献相比，本书的研究贡献主要体现在以下三个方面：

第一，基于沪深交易所相继推出分行业信息披露指引这一准自然实验场景，实证检验了分行业信息披露制度的作用效果。推进分行业信息披露是近年来资本市场信息披露制度改革的热点问题，然而目前却鲜有文献关注这一改革的实施效果。本书从股价同步性的视角出发对这一问题进行研究，很好地弥补了以往文献的研究不足。

第二，本书的研究丰富了资本市场股价同步性影响因素相关领域的研究文献。现有文献主要从投资者保护法制环境、市场媒介传播、公司治理特征等视角出发，考察了股价同步性的影响因素，却鲜有关注信息披露制度变化带来的影响。事实上，信息披露制度会对信息生成、发布和接收的全过程产生系统性的影响。本书从分行业信息披露政策的实施切入，为此提供了补充。

第三，本书从降低投资者信息解读成本、吸引分析师跟踪、缓解信息不对称等视角，检验了分行业信息披露政策实施降低股价同步性的影响机制，为后续关于信息披露方式、投资者认知与股价同步性的相关研究提供了很好的参考。

此外，本书的研究及结论也具有重要的政策内涵。信息是资本市场的核心要素，信息披露制度是资本市场高质量发展的基石。不断改革完善资本市场信息披露制度，更好地服务于投资者的定价决策，维护市场长期稳定健康发展，是政府部门公共受托经济责任的重要内容。本书的研究结论表明，分行业信息披露制度有助于规范上市公司信息披露，降低投资者信息挖掘和解读成本，改善市场信息环境。因此，监管部门应继续深入推进分行业信息披露体系建设，充分考虑行业间经营模式的异质性，制定针对性强的行业实质性指标，为投资者呈现可读性更高的财务报告。与此同时，还应大力提升公司内部控制水平，完善外部监督机制，形成合力提升资本市场信息流动效率。

第二节　文献回顾与假设推导

一、股价同步性相关文献

股价同步性是指市场中股票价格出现的同涨同跌现象，这种现象存在于各国资本市场中，在新兴经济体中表现得尤为明显。股价同步性越高，即股价变动与市场波动关联性越强，说明股票价格反映的公司自身特质性信息较少（Morck等，2000）。从市场资源配置功能的视角来看，股价的同涨同跌弱化了公司间的价格差异，导致价格信号作用难以充分发挥。因此，如何提升资本市场信息效率，降低股价同步性一直是学术界和实务界关注的热点问题。

Morck等（2000）从投资者保护环境、司法效率和政府职能的视角系统解释了新兴经济体高股价同步性的成因，他们发现在制度环境较差时套利者面临的风险和不确定性较大，同时信息披露不规范、信息挖掘和搜集成本较高，进一步弱化了市场参与者寻求公司特质性信息的动机。此时，投资者主要依据市场风险进行决策，阻碍了股价对特质性信息的吸收，最终使得股价同步性较高。承袭Morck等（2000）的研究框架，游家兴等（2007）基于中国资本市场制度建设的历程，也发现伴随着投资者法律保护环境的改善，股价波动的同步性会减弱。陈冬华和姚振晔（2018）考察了政府产业政策与股价同步性的关系，发现政府干预并非总是推高股价同步性的，宏观政策同样也包含公司特质性信息，也可能会降低股价同步性。

从信息传播和解读的中介来看，黄俊和郭照蕊（2014）研究发现媒体的报道能加速公司特质性信息融入股价的程度。何贤杰等（2018）也发现微博等新媒体的涌现，有助于拓宽投资者信息获取渠道，提升市场信息效率，降低股价同步性。Liu（2011）考察了分析师的信息传播作用，发现分析师不仅能为市场提供行业相关信息，也能更好地挖掘公司特质性信息。Xu等（2013）、伊志宏等

（2019）的研究也都证实了分析师所发布的研究报告含有大量的特质性信息，有助于缓解内外部信息不对称，降低股价同步性。

就公司治理相关研究来看，Gul 等（2010）基于中国上市公司的数据实证考察了股权集中度对股价同步性的影响，发现两者呈现倒 U 型关系，第一阶段随着股权集中度的提高，大股东掏空行为严重，股价同步性上升；当超过临界点时，大股东与中小股东的利益函数趋同，股价特质性信息增多，股价同步性下降。Yu（2011）研究发现，公司治理水平的提升有助于提升股价特质性信息含量。Haggard 等（2008）研究指出，公司自愿性信息披露能显著降低投资者信息搜集成本，提高股价的特质波动率。Ferreira 和 Laux（2007）发现公司反收购门槛会增加套利者的风险，阻碍公司特质性信息向股价的融合。

从中可以看出，现有关于股价同步性的相关研究仍主要集中于投资者保护环境、市场中介关注以及公司治理等方面，考察信息披露制度变化影响的文献仍较少。而事实上，信息披露制度变化会影响信息生成、传播到决策反映的全过程。基于此，本书拟从交易所分行业信息披露监管的视角进行切入，以弥补已有文献的不足。

二、假设推导

Roll（1988）指出，公司收益率在除去市场、行业层面的联动效应外，剩余部分大多可由公司特质性信息所解释。这意味着股价同步性越低，其吸收的公司个体信息越多，越有利于通过价格信号引导资源配置。分行业信息披露政策的实施能降低投资者信息解读成本，吸引分析师的关注促进信息传播，进而降低股价同步性。具体地：

（1）分行业信息披露有助于增加信息收集，降低投资者信息解读成本。由于专业知识和认知能力的局限，投资者特别是小型非专业投资者往往难以正确理解公司信息价值内涵，导致公司特质性信息难以融入股票交易决策，股价同步性较高。分行业信息披露突出强调不同行业经营特征的差异性，要求公司在满足一般性披露的基础上，增加对行业经营性信息和关键指标差异的披露。这一方面能使投资者获得更多关于公司经营性的信息，扩大决策信息集；另一方面也能使投资者在无须深入掌握行业专门知识的前提下，快速获知关于公司价值定位的信息，提高决策效率。

（2）分行业信息披露能增加分析师关注，增强信息解读和传播，促进信息向股价的融入。分析师作为资本市场重要的信息中介，在改善信息环境，促进信息流动，降低信息不对称等方面具有重要作用（朱红军等，2007）。事实上，特别是在个人投资者较多的新兴市场，大部分散户投资者都不具备理解财务报告信息的能力，往往需要依赖于分析师等信息中介的专业解读（Jung等，2019）。分析师的报告已经成为投资者理解公司信息，进行投资决策的重要依据（Ayres等，2019）。分行业信息披露政策的实施，一方面促使公司根据所处行业特点披露更多的行业经营关键性指标信息，另一方面能规范指标口径，提升公司与同行业其他公司间的信息可比性。这将会降低分析师的信息挖掘和搜寻成本，吸引更多的分析师跟踪和关注，增强信息解读和传播，促进信息向股价的融入（De Franco等，2011）。

综上所述，从理论上来看，分行业信息披露能降低投资者的信息解读成本，同时吸引分析师关注，加速公司特质性信息向股价的融入，进而降低股价同步性。基于此，本章提出如下假设：

H1：分行业信息披露政策的实施有助于降低公司股价同步性

H1分析认为，分行业信息披露有助于降低投资者信息解读成本，促进股价对公司特质性信息的吸收。事实上，这一效果的实现与分行业信息披露政策的执行紧密相关。在政策执行较好的公司中，效果可能更为明显。内部控制作为公司内部治理的重要手段，在规范报表编制和保障政策遵循中发挥着重要作用（Altamuro和Beatty，2010；屈依娜和陈汉文，2018）。内部控制质量越高，公司对政策遵循得越好，因而越能实现分行业信息披露政策的初衷。

分行业信息披露要求企业呈报更多关于行业经营的实质性信息，可能涉及诸多行业知识和职业判断，对公司信息生成过程具有较高的要求。高质量的内部控制能通过有效的信息沟通和科学的机制设计，促使企业更好地理解和执行分行业信息披露政策，进而实现政策的初衷。这意味着，分行业信息披露政策对股价同步性的降低作用在内部控制水平更高的公司中更为明显。基于此，本章提出如下假设：

H2：企业内部控制水平越高，分行业信息披露政策对股价同步性的降低作用越明显

除上述公司内部治理特征外，分行业信息披露政策的效果在不同外部监督环境中也有可能表现出异质性。良好的外部监督环境能有效约束管理层的机会主义行为，促使其更好地遵守和执行会计信息披露规则（王化成等，2014）。作为企业外部治理力量的重要组成部分——审计师，对企业信息最终的编报和发布具有直接的影响。高质量的外部审计能有效地发现并纠正企业在信息呈报中的诸多差错，促使企业更好地按照相应披露制度列报相关信息，服务于投资者决策（Callen和Fang，2012；Francis等，2014；蔡春等，2019）。换句话说，当公司外部审计质量越高，越能促使企业更好地理解和执行分行业信息披露政策，进而实现政策的初衷。这意味着，分行业信息披露政策对股价同步性的降低作用在公司财务报告经由十大会计师事务所审计的公司样本中更为明显。基于此，本章提出如下假设：

H3：公司财务报表经由十大会计师事务所审计时，分行业信息披露政策对股价同步性的降低作用更为明显

第三节 研究设计

一、样本选取与数据来源

（1）上市公司数据。本书选取 2009～2020 年中国沪深 A 股上市公司作为研究样本，上市公司数据主要来源于国泰安（CSMAR）和万得（Wind）数据库，其中包括上市公司财务报表数据、公司股票信息以及企业性质等信息，同时考虑金融行业的特殊性，剔除行业分类属于金融、保险业的公司以及数据缺失的样本。

（2）分行业信息披露相关数据。首先，根据上海证券交易所和深圳证券交易所官方网站公告，手工梳理出行业信息披露指引相关文件（见上文关于分行业信息披露相关内容）；其次，根据文件具体内容，界定影响的板块、行业以及开始的时间；最后，根据上市公司所处行业、主营业务范围等信息识别政策处理组和控制组样本。

二、变量说明

（1）股价同步性计算指标。参考 Gul 等（2010）、陈冬华和姚振晔（2018）的研究，计算模型（4-1）的拟合优度 R^2，然后根据等式（4-2）进行对数转换得到股价同步性指标，记为 SYNCH。SYNCH 指标值越大，代表股价同步性越高，公司个股特质性信息含量越低。具体地：

$$r_{i,t} = \alpha + \beta_1 r_{m,t} + \varepsilon_{it} \tag{4-1}$$

$$SYNCH = \ln\left(\frac{R^2}{1-R^2}\right) \tag{4-2}$$

其中，$r_{i,t}$ 为股票 i 在第 t 周的收益率；$r_{m,t}$ 为第 t 周市场组合的加权收益率。得到的 R^2 经过对数转换后记为 SYNCH。

（2）其他控制变量。根据已有研究（Hutton 等，2009；伊志宏等，2019），本章选取平均超额换手率（Turnover）、公司年度周收益率的标准差（Sigma）、公司年度平均周收益率（Ret）、公司规模（Size）、资产负债率（Lev）、托宾值（Tobin）、产权性质（Soe）、公司年龄（Listage）、持股集中度（Top1）作为控制变量。同时还控制了年度（Year）和行业（Industry）固定效应。具体的变量定义和说明如表4-1所示。

表4-1　变量定义和说明

变量名称	变量符号	变量描述
股价同步性	SYNCH	详细指标构建见变量说明
是否分行业信息披露	Treat	公司i是否需要遵循分行业信息披露指引，如果遵循为1，那么为0
分行业信息披露实施时间	Post	分行业信息披露指引实施的时间前后，之前为0，之后为1
换手率	Turnover	公司年度月换手率与平均换手率之差
周收益率波动	Sigma	公司年度周收益率的标准差
周收益率	Ret	公司年度周收益率
公司规模	Size	公司总资产的对数
负债率	Lev	公司资产负债率
托宾Q值	Tobin	（年末流通市值+非流通股占净资产的金额+负债合计）/总资产
企业性质	Soe	如果实际控制人为国有控股，那么为国有企业，取值为1，否则为0
企业年龄	Listage	上市公司上市年限加1的自然对数
第一大股东持股	Top1	第一大股东持股比例
年份	Year	年份虚拟变量
企业	Firm	企业虚拟变量

资料来源：笔者整理所得。

三、模型设计

本书旨在分行业信息披露对股价同步性的影响，沪深交易所交错发布上市公司分行业信息披露指引为本章提供了一个错层的准自然实验场景，参考 Chen 等（2012）、赵静等（2018）的研究，使用以下多时点冲击的双重差分模型来检验分行业信息披露对股价同步性的影响：

$$Y_{t+1} = \alpha + \beta_1 \text{TreatPost} + \beta_2 \text{Treat} + \beta_3 \text{Controls} + \text{Year} + \text{Industry} + \varepsilon_{it} \qquad (4-3)$$

其中，Y 表示股价同步性（采用 SYNCH 指标来衡量）；解释变量 Treat，当上市公司所处行业在样本期间实施分行业信息披露时，则该公司样本为实验组取值为 1，否则为控制组取值为 0。Post 表示上市公司所处行业实施分行业信息披露之后的年份为 1，之前的年份为 0。其中 TreatPost 交互项系数 β_2 衡量了分行业信息披露政策对股价崩盘风险的影响效果。Control 表示模型的控制变量，Year 表示时间固定效应，Industry 表示行业固定效应。同时，考虑分行业信息披露指引的发布出现在各个不同时间段，其政策效应很难于当年发挥作用，因此我们在回归分析中关注于 t+1 期的股价同步性（钟凯等，2018）。为消除极端值的影响，模型中所有的连续变量如 Size、Lev 等，都基于整个市场层面，按照 1% 与 99% 百分位进行缩尾处理。

四、描述性统计

表 4-2 报告了主要变量的描述性统计结果。模型（4-1）拟合优度 R^2（RSQ）的均值和中位数分别为 0.468、0.476，与陈冬华和姚振晔（2018）的研究结果较为接近。经过对数化处理得到的股价同步性指标 SYNCH 的均值和中位数分别为 −0.169、−0.094。政策处理 Treat 变量的均值为 0.369，这说明在样本区间内 36.9% 的公司受到分行业信息披露政策的影响。从控制变量来看，Size 的均值（中位数）为 22.099（21.929），Lev 的均值（中位数）为 0.441（0.437），Roa 的均值（中位数）为 0.038（0.035），各变量分布总体较为均匀，没有明显的偏态。

表 4-2　描述性统计

变量	均值	中位数	标准差	最小值	最大值
RSQ	0.468	0.476	0.189	0.054	0.864
SYNCH	−0.169	−0.094	0.902	−2.872	1.803
Treat	0.369	0.000	0.482	0.000	1.000
Post	0.143	0.000	0.350	0.000	1.000
Turnover	−0.121	−0.066	0.469	−1.902	1.050
Sigma	0.064	0.059	0.025	0.012	0.262
Ret	0.003	0.001	0.011	−0.045	0.075
Size	22.099	21.929	1.288	19.551	26.054
Lev	0.441	0.437	0.211	0.052	0.904
Roa	0.038	0.035	0.055	−0.205	0.190
Soe	0.412	0.000	0.492	0.000	1.000
Dual	0.248	0.000	0.432	0.000	1.000
Tobin	2.123	1.674	1.387	0.902	9.022
Listage	2.305	2.398	0.647	1.099	3.258
Top1	22.624	19.400	17.895	0.422	69.346

资料来源：笔者整理所得。

第四节　分行业信息披露与股价同步性实证结果分析

一、分行业信息披露与股价同步性：基本结果

为了检验前文提出的 H1 即分行业信息披露对股价同步性的影响，本章按照模型（4-3）进行回归。得到的结果报告在表4-3中，第（1）列和第（2）列是因变量为股价同步性指标（SYNCH）的回归结果，第（3）列和第（4）列是因变量为 R^2 指标（RSQ）的结果。可以看出，双重差分模型交互项（TreatPost）的回归系数在各列均显著为负，这说明相比于未受到分行业信息披露政策影响的企业，受到政策影响的公司在政策实施后其股价同步性显著下降，公司股价中包含更多特质性信息，这与 H1 的预期一致。从控制变量的系数来看，公司规模（Size）显著为正，表明公司规模越大，股价同步性越高；国有企业（Soe）的系数也显著为正，说明国有企业股票特质性信息含量较低，这些结果与已有研究的结果均较为类似。因此，总的来看，表4-3的结果表明分行业信息披露政策的实施能有效促进公司特质性信息向股价的融合，降低股价同步性。

表4-3　分行业信息披露与股价同步性：基本结果

控制变量	（1） $SYNCH_{t+1}$	（2） $SYNCH_{t+1}$	（3） RSQ_{t+1}	（4） RSQ_{t+1}
TreatPost	−0.055* （−1.887）	−0.074*** （−2.633）	−0.012** （−2.003）	−0.016*** （−2.722）
Treat	0.044* （1.731）	−0.022 （−1.056）	0.010* （1.942）	−0.004 （−0.927）
Turnover		0.105*** （6.608）		0.022*** （6.584）
Sigma		2.365*** （4.969）		0.482*** （4.883）
Ret		−6.100*** （−6.168）		−1.291*** （−6.236）
Size		0.229*** （21.836）		0.049*** （22.001）

续表

控制变量	（1）SYNCH$_{t+1}$	（2）SYNCH$_{t+1}$	（3）RSQ$_{t+1}$	（4）RSQ$_{t+1}$
Lev		−0.544 ***		−0.114 ***
		（−10.896）		（−10.966）
Roa		0.804 ***		0.161 ***
		（5.004）		（4.892）
Soe		0.137 ***		0.029 ***
		（6.726）		（6.601）
Dual		0.003		0.001
		（0.191）		（0.312）
Tobin		0.016 **		0.004 **
		（1.991）		（2.409）
Listage		−0.116 ***		−0.023 ***
		（−6.895）		（−6.361）
Top1		0.002 ***		0.000 ***
		（3.511）		（3.295）
Const	0.288 ***	−4.229 ***	0.563 ***	−0.402 ***
	（3.427）	（−18.413）	（30.242）	（−8.215）
Year	Yes	Yes	Yes	Yes
Ind	Yes	Yes	Yes	Yes
Adj. R^2	0.213	0.295	0.221	0.303
N	17500	17500	17500	17500

注：*、**、***分别表示在10%、5%、1%的水平上显著（双尾检验）；括号内为 T 值，标准误经过公司层面的聚类调整。

资料来源：笔者整理所得。

二、分行业信息披露与股价同步性：内部控制

分行业信息披露的实施效果与企业对政策的理解和执行紧密相关，内部控制更好的公司对政策的遵循更为规范，因此 H2 预期：分行业信息披露政策对股价同步性的降低作用在内部控制水平高的公司中更为明显。基于此，本章参考张会丽和吴有红（2014）等的研究，采用迪博（DIB）内部控制指数（Nkindex）衡量企业内部控制水平，并根据该指数的年度—行业中位数将样本分为内部控制水平较

高和较低两组分别进行回归。表 4-4 报告了分组回归的结果，可以看出交互项（TreatPost）回归系数都仅在内部控制水平较高的组中更为显著，这验证了 H2。

表 4-4　分行业信息披露与股价同步性：内部控制

控制变量	（1）	（2）	（3）	（4）
	内控高	内控低	内控高	内控低
	$SYNCH_{t+1}$	$SYNCH_{t+1}$	RSQ_{t+1}	RSQ_{t+1}
TreatPost	-0.130^{***}	-0.001	-0.027^{***}	-0.002
	(-3.549)	(-0.028)	(-3.449)	(-0.233)
Treat	0.018	-0.062^{**}	0.004	-0.011^{**}
	(0.649)	(-2.294)	(0.606)	(-1.988)
Turnover	0.116^{***}	0.082^{***}	0.024^{***}	0.016^{***}
	(5.297)	(3.589)	(5.295)	(3.497)
Sigma	3.150^{***}	1.412^{**}	0.668^{***}	0.242^{*}
	(4.782)	(2.205)	(4.852)	(1.854)
Ret	-5.954^{***}	-7.306^{***}	-1.301^{***}	-1.470^{***}
	(-4.413)	(-4.894)	(-4.514)	(-4.816)
Size	0.230^{***}	0.205^{***}	0.049^{***}	0.044^{***}
	(17.427)	(14.616)	(17.823)	(15.228)
Lev	-0.608^{***}	-0.507^{***}	-0.130^{***}	-0.107^{***}
	(-8.853)	(-8.128)	(-9.057)	(-8.466)
Roa	-0.700^{**}	1.278^{***}	-0.164^{***}	0.265^{***}
	(-2.544)	(6.571)	(-2.820)	(6.817)
Soe	0.107^{***}	0.152^{***}	0.023^{***}	0.031^{***}
	(4.167)	(5.940)	(4.120)	(5.824)
Dual	0.002	0.006	0.001	0.001
	(0.096)	(0.275)	(0.135)	(0.244)
Tobin	0.031^{***}	0.015	0.007^{***}	0.004^{**}
	(2.685)	(1.503)	(2.933)	(2.002)
Listage	-0.104^{***}	-0.107^{***}	-0.020^{***}	-0.021^{***}
	(-4.911)	(-4.691)	(-4.522)	(-4.615)
Top1	0.002^{***}	0.001	0.000^{***}	0.000^{*}
	(3.258)	(1.436)	(3.060)	(1.697)

续表

控制变量	（1）	（2）	（3）	（4）
	内控高	内控低	内控高	内控低
	$SYNCH_{t+1}$	$SYNCH_{t+1}$	RSQ_{t+1}	RSQ_{t+1}
Const	−4.190***	−3.707***	−0.394***	−0.299***
	（−14.258）	（−12.346）	（−6.390）	（−4.824）
Year	Yes	Yes	Yes	Yes
Ind	Yes	Yes	Yes	Yes
Adj. R^2	0.297	0.284	0.302	0.297
N	9188	8308	9188	8308

注：*、**、***分别表示在10%、5%、1%的水平上显著（双尾检验）；括号内为T值，标准误经过公司层面的聚类调整。

资料来源：笔者整理所得。

三、分行业信息披露与股价同步性：外部监督

外部监督环境也是规范企业行为遵循的重要力量，特别是外部审计师对企业信息最终的编报和发布具有直接的影响。高质量的外部审计能有效地发现并纠正企业在信息呈报中的诸多差错，促使企业更好地按照相应披露制度列报相关信息。因此，H3预期分行业信息披露效果的发挥在公司报表经由十大会计师事务所审计时更为明显。本章参考何贤杰等（2018）、孟庆斌等（2019）相关文献的做法，按照中注协事务所排名前"十大"与"非十大"的标准进行划分。大型事务所一般独立性较强，业务流程更为规范，因而表现出更高的审计监督质量（Francis等，2014）。回归结果报告在表4-5中，可以发现交互项（TreatPost）的系数均为负，但仅在十大会计师事务所审计的样本中更为明显。这表明外部审计监督能促使分行业信息披露政策效果更好地发挥，也即验证了H3。

表4-5　分行业信息披露与股价同步性：外部监督

控制变量	（5）	（6）	（1）	（2）
	十大	非十大	十大	非十大
	$SYNCH_{t+1}$	$SYNCH_{t+1}$	RSQ_{t+1}	RSQ_{t+1}
TreatPost	−0.097***	−0.038	−0.020***	−0.010
	（−2.673）	（−0.912）	（−2.584）	（−1.105）
Treat	0.001	−0.053*	−0.000	−0.009
	（0.022）	（−1.841）	（−0.058）	（−1.556）

续表

控制变量	（5） 十大 SYNCH$_{t+1}$	（6） 非十大 SYNCH$_{t+1}$	（1） 十大 RSQ$_{t+1}$	（2） 非十大 RSQ$_{t+1}$
Turnover	0.114 ***	0.096 ***	0.023 ***	0.020 ***
	（5.197）	（4.177）	（5.100）	（4.214）
Sigma	2.406 ***	2.240 ***	0.482 ***	0.467 ***
	（3.587）	（3.454）	（3.511）	（3.431）
Ret	−6.140 ***	−6.459 ***	−1.254 ***	−1.419 ***
	（−4.372）	（−4.552）	（−4.279）	（−4.760）
Size	0.216 ***	0.246 ***	0.047 ***	0.052 ***
	（16.685）	（15.746）	（17.251）	（15.489）
Lev	−0.431 ***	−0.631 ***	−0.093 ***	−0.130 ***
	（−6.136）	（−9.334）	（−6.428）	（−9.118）
Roa	0.662 ***	0.913 ***	0.112 **	0.202 ***
	（2.743）	（4.465）	（2.279）	（4.802）
Soe	0.157 ***	0.117 ***	0.031 ***	0.025 ***
	（5.454）	（4.487）	（5.219）	（4.587）
Dual	0.014	−0.011	0.003	−0.001
	（0.585）	（−0.444）	（0.523）	（−0.188）
Tobin	0.030 ***	0.006	0.007 ***	0.002
	（2.618）	（0.605）	（3.181）	（0.725）
Listage	−0.120 ***	−0.113 ***	−0.023 ***	−0.022 ***
	（−5.263）	（−4.899）	（−4.846）	（−4.551）
Top1	0.001 **	0.002 ***	0.000 *	0.000 ***
	（2.017）	（3.084）	（1.892）	（2.915）
Const	−4.072 ***	−4.505 ***	−0.375 ***	−0.453 ***
	（−13.942）	（−13.368）	（−6.061）	（−6.291）
Year	Yes	Yes	Yes	Yes
Ind	Yes	Yes	Yes	Yes
Adj. R^2	0.316	0.274	0.326	0.281
N	9083	8417	9083	8417

注：＊、＊＊、＊＊＊分别表示在10%、5%、1%的水平上显著（双尾检验）；括号内为 T 值，标准误经过公司层面的聚类调整。

资料来源：笔者整理所得。

四、分行业信息披露与股价同步性：稳健性检验

（一）平行趋势检验

双重差分模型应用的一个重要前提是：如果未发生政策冲击，那么实验组和控制组的变化趋势是平行的；如果不满足平行趋势假设，那么双重差分模型的估计结果将会出现偏误。为了缓解这一担忧，本书参考 Serfling（2016）的研究，利用分时段的动态效应来考察这一假设的满足性。具体地，以公司受政策影响当年为基准划分时间段，并定义如下虚拟变量：在公司受到分行业信息披露政策影响的 4 年之前（≥4 年），虚拟变量 Post（≤-4）取值为 1，否则为 0；在公司受到分行业信息披露政策影响前的第 3 年（仅含等于 3），虚拟变量 Post（-3）取值为 1，否则为 0；公司受到分行业信息披露政策影响前的第 2 年（仅含等于 2），虚拟变量 Post（-2）取值为 1，否则为 0；公司受到分行业信息披露政策影响前的第 1 年（仅含等于 1），虚拟变量 Post（-1）取值为 1，否则为 0。同理，公司受到分行业信息披露政策影响的第 1 年、第 2 年、第 3 年、第 4 年及之后的公司—年度观测值，相应虚拟变量 Post（1）、Post（2）、Post（3）、Post（≥4）取值为 1，否则为 0。同时，将 TreatPost（≤-4）记作 Cross_4；TreatPost（-3）记作 Cross_3，依次类推，定义 Cross_2、Cross_1。将 TreatPost（1）记作 Cross1，依次类推，定义 Cross2、Cross3、Cross4。继而，通过观察 Cross_4 到 Cross4 变量的系数变化捕捉平均处理效应的时间趋势。

表 4-6 报告了相应的回归结果，可以发现，在分行业信息披露政策实施之前，处理组公司和控制组公司在股价同步性的表现上并无显著差异（Cross_4 到 Cross_1 变量均不显著），而在分行业信息披露政策实施之后，处理组公司的股价同步性相比于控制组公司有了显著的降低（Cross1 到 Cross2 变量显著为负）。处理效应之前，两组样本在股价同步性表现上的非显著性差异在一定程度上支持了平行趋势假定的合理性，缓解了采用 DID 估计方法有效性的担忧。

表 4-6 分行业信息披露与股价同步性：平行趋势检验

控制变量	（1）	（3）
	SYNCH$_{t+1}$	RSQ$_{t+1}$
Cross_4	-0.001	-0.011
	（-0.17）	（-0.44）
Cross_3	-0.006	-0.026
	（-0.85）	（-0.82）

续表

控制变量	(1)	(3)
	SYNCH$_{t+1}$	RSQ$_{t+1}$
Cross_2	−0.002	−0.019
	(−0.44)	(−0.73)
Cross_1	−0.010	−0.033
	(−1.34)	(−0.96)
Cross1	−0.041***	−0.214***
	(−5.03)	(−5.17)
Cross2	−0.024***	−0.102**
	(−2.65)	(−2.35)
Cross3	0.027	0.142
	(1.00)	(1.13)
Cross4	0.026	0.092
	(0.94)	(0.69)
Const	−0.407***	−4.238***
	(−8.46)	(−18.49)
Control	Yes	Yes
Year	Yes	Yes
Ind	Yes	Yes
Adj. R^2	0.304	0.295
N	17500	17500

注: *、**、***分别表示在10%、5%、1%的水平上显著（双尾检验）；括号内为 T 值，标准误经过公司层面的聚类调整。

资料来源：笔者整理所得。

（二）安慰剂检验

为了排除政策实施时间附近其他事件对估计结果的干扰，本章参考刘瑞明和赵仁杰（2015）、黄俊威和龚光明（2019）的做法，将政策冲击时点往前平推3 年、4 年进行安慰剂检验。如果平推后，效果仍然存在，那么说明股价同步性的降低是由其他事件或随机因素所导致，而并非分行业信息披露政策带来的。表4-7 报告了相应的回归结果，可以发现 TreatPostt$_{-3}$、TreatPostt$_{-4}$ 的系数均不显著，这在一定程度上说明本章的结果并非其他随机因素所导致的，进一步证明了结论的稳健性。

表 4-7 分行业信息披露与股价同步性：安慰剂检验

控制变量	（5）	（6）	（1）	（2）
	$SYNCH_{t+1}$	$SYNCH_{t+1}$	RSQ_{t+1}	RSQ_{t+1}
$TreatPost_{t-3}$	-0.009		-0.005	
	（-1.00）		（-1.02）	
$TreatPost_{t-4}$		-0.009		-0.006
		（-1.05）		（-1.11）
Treat	-0.003	-0.002	0.005	0.006
	（-0.38）	（-0.21）	（0.91）	（1.04）
Turnover	0.021***	0.021***	0.021***	0.021***
	（6.36）	（6.38）	（6.48）	（6.50）
Sigma	0.479***	0.479***	0.400***	0.399***
	（4.09）	（4.12）	（4.08）	（4.07）
Ret	-1.297***	-1.299***	-1.177***	-1.177***
	（-5.61）	（-5.63）	（-5.78）	（-5.78）
Size	0.049***	0.049***	0.051***	0.051***
	（9.59）	（9.58）	（23.82）	（23.82）
Lev	-0.115***	-0.114***	-0.106***	-0.106***
	（-9.88）	（-9.86）	（-10.50）	（-10.50）
Roa	0.159***	0.160***	0.158***	0.158***
	（3.43）	（3.44）	（4.93）	（4.94）
Soe	0.028***	0.028***	0.031***	0.031***
	（6.64）	（6.64）	（7.45）	（7.45）
Dual	0.001	0.001	-0.000	-0.000
	（0.15）	（0.15）	（-0.08）	（-0.08）
Tobin	0.004*	0.004*	0.005***	0.005***
	（1.71）	（1.71）	（3.02）	（3.01）
Listage	-0.023***	-0.023***	-0.013***	-0.013***
	（-4.76）	（-4.79）	（-3.69）	（-3.69）
Top1	0.000***	0.000***	0.000***	0.000***
	（3.32）	（3.32）	（4.26）	（4.26）
Const	-0.405***	-0.405***	-0.486***	-0.486***
	（-3.59）	（-3.59）	（-10.29）	（-10.30）

续表

控制变量	(5)	(6)	(1)	(2)
	SYNCH$_{t+1}$	SYNCH$_{t+1}$	RSQ$_{t+1}$	RSQ$_{t+1}$
Year	Yes	Yes	Yes	Yes
Ind	Yes	Yes	Yes	Yes
Adj. R^2	0.303	0.303	0.329	0.329
N	17500	17500	17500	17500

注：*、**、***分别表示在10%、5%、1%的水平上显著（双尾检验）；括号内为 T 值，标准误经过公司层面的聚类调整。

资料来源：笔者整理所得。

（三）匹配样本估计

沪深交易所交错推出分行业信息披露指引，为本章使用匹配样本估计排除选择性偏差带来的干扰提供了绝佳机会。针对上海证券交易所中纳入分行业信息披露范围的公司，从深圳交易所寻找同行业、未进入分行业信息披露政策范围的公司作为匹配样本。反之，深交所中纳入分行业信息披露范围的公司，从上交所寻找对应的匹配样本。具体地，在对应交易所同行业上市公司中，用 1∶1 最邻近匹配法寻找资产规模（Size）、杠杆率（Lev）、资产收益率（Roa）和换手率（Turnover）最接近的公司作为控制组样本。匹配后的样本进行回归的结果报告在表4-8 中。从表中 TreatPost 交互项系数来看，第（1）列和第（2）列均显著为负。这意味着使用 PSM-DID 方法在一定程度上控制样本选择性偏误后，本章的基本结果依然存在。

表4-8　分行业信息披露与股价同步性：匹配样本估计

控制变量	(1)	(2)
	SYNCH$_{t+1}$	RSQ$_{t+1}$
TreatPost	−0.102*	−0.023**
	(−1.93)	(−2.21)
Treat	−0.036	−0.008
	(−1.02)	(−1.15)
Post	−0.030	−0.005
	(−0.58)	(−0.51)
Turnover	0.187***	0.041***
	(5.71)	(6.08)

续表

控制变量	(1) SYNCH$_{t+1}$	(2) RSQ$_{t+1}$
Sigma	3.539***	0.734***
	(4.03)	(3.76)
Ret	−2.870	−0.643
	(−1.28)	(−1.38)
Size	0.216***	0.046***
	(11.59)	(12.05)
Lev	−0.375***	−0.078***
	(−3.24)	(−3.32)
Roa	1.482***	0.302***
	(3.61)	(3.63)
Soe	0.107*	0.022*
	(1.95)	(1.85)
Dual	0.019	0.003
	(0.73)	(0.55)
Tobin	0.032*	0.008**
	(1.98)	(2.41)
Listage	−0.103**	−0.020**
	(−2.56)	(−2.30)
Top1	−0.001	−0.000
	(−0.58)	(−0.53)
Const	−4.144***	−0.384***
	(−10.35)	(−4.61)
Year	Yes	Yes
Ind	Yes	Yes
Adj. R^2	0.131	0.136
N	3677	3677

注：*、**、***分别表示在10%、5%、1%的水平上显著（双尾检验）；括号内为 T 值，标准误经过公司层面的聚类调整。

资料来源：笔者整理所得。

第五节　分行业信息披露与股价同步性：机制分析

上文的实证结果表明分行业信息披露政策的实施显著降低了企业的股价同步性，在此基础上将进一步分析其作用机制。事实上，股价同步性反映了公司特质性信息融入价格的程度。分行业信息披露强调在一般性披露的基础上增加对行业经营性信息和关键性指标的披露。这使投资者能在无需深入掌握行业专门知识的基础上，快速获取公司价值定位、经营战略等相关信息，进而改善信息价值认知。同时，分行业信息披露带来的信息增量以及同行业公司披露口径的规范，有助于降低分析师的信息挖掘成本，吸引更多分析师关注，进而增强信息的传播和专业解读，促使投资者更好地将信息反映到交易中。

总的来说，分行业信息披露可能通过降低投资者（尤其是中小投资者）的信息解读成本和增加分析师关注、降低信息不对称等两个方面促进公司特质性信息融入交易价格，进而降低股价同步性。

一、分行业信息披露与投资者信息解读

为了检验分行业信息披露通过降低投资者信息解读成本进而提高股价特质性信息含量，本章参考 Kim 等（2019）的做法，将样本按照散户投资者持股比例高低进行分组回归。这是因为与机构投资者相比，公司散户投资者在专业知识和信息解读能力上具有明显的不足。换句话说，市场中的散户投资者对信息解读成本更为敏感（Lundholm 等，2014）。根据公司散户投资者持股中位数分组回归的结果报告在表 4-9 中，可以发现分行业信息披露对股价同步性的降低作用在散户投资者持股较多的公司样本中更为明显。这表明公司散户投资者越多，分行业信息披露对信息环境的改善作用越明显，即在一定程度上验证了分行业信息披露通过降低投资者（尤其是散户投资者）信息解读成本，进而降低股价同步性的作用机制。

表 4-9　分行业信息披露与股价同步性：信息解读成本

控制变量	(5)	(6)	(1)	(2)
	散户投资者少	散户投资者多	散户投资者少	散户投资者多
	$SYNCH_{t+1}$	$SYNCH_{t+1}$	RSQ_{t+1}	RSQ_{t+1}
TreatPost	-0.060	-0.081**	-0.013	-0.018**
	(-1.523)	(-2.058)	(-1.572)	(-2.215)

续表

控制变量	(5)	(6)	(1)	(2)
	散户投资者少	散户投资者多	散户投资者少	散户投资者多
	$SYNCH_{t+1}$	$SYNCH_{t+1}$	RSQ_{t+1}	RSQ_{t+1}
Treat	0.031	−0.077***	0.007	−0.016***
	(1.068)	(−2.726)	(1.159)	(−2.674)
Turnover	0.110***	0.112***	0.023***	0.022***
	(4.430)	(5.229)	(4.586)	(5.047)
Sigma	3.394***	1.466**	0.717***	0.259*
	(4.894)	(2.168)	(5.006)	(1.886)
Ret	−6.506***	−7.019***	−1.374***	−1.420***
	(−4.820)	(−4.127)	(−4.893)	(−4.133)
Size	0.233***	0.210***	0.047***	0.045***
	(14.780)	(13.607)	(15.649)	(14.182)
Lev	−0.552***	−0.531***	−0.115***	−0.110***
	(−7.266)	(−8.169)	(−7.768)	(−8.383)
Roa	0.111	1.181***	0.015	0.247***
	(0.438)	(5.685)	(0.282)	(5.988)
Soe	0.137***	0.135***	0.029***	0.027***
	(4.971)	(5.069)	(5.044)	(4.933)
Dual	−0.022	0.033	−0.006	0.008*
	(−0.906)	(1.372)	(−1.120)	(1.654)
Tobin	0.038***	−0.002	0.007***	0.001
	(3.443)	(−0.190)	(3.316)	(0.220)
Listage	−0.121***	−0.105***	−0.022***	−0.020***
	(−4.914)	(−4.706)	(−4.506)	(−4.386)
Top1	0.003***	0.001	0.001***	0.000
	(3.991)	(1.564)	(3.724)	(1.480)
Const	−4.284***	−3.856***	−0.365***	−0.333***
	(−12.390)	(−11.841)	(−5.324)	(−4.977)
Year	Yes	Yes	Yes	Yes
Ind	Yes	Yes	Yes	Yes
Adj. R^2	0.288	0.296	0.299	0.307
N	8854	8646	8854	8646

注：*、**、***分别表示在10%、5%、1%的水平上显著（双尾检验）；括号内为T值，标准误经过公司层面的聚类调整。

资料来源：笔者整理所得。

二、分行业信息披露与信息不对称

分析师作为资本市场的中介力量，在改善信息环境、促进信息传播等方面发挥了重要作用（朱红军等，2007）。上文的分析认为，分行业信息披露带来的信息增量以及同行业公司披露口径的规范，有助于降低分析师的信息挖掘成本，进而吸引更多的分析师关注，降低信息不对称使公司的信息更好地反映到股价中。为了验证这一渠道，本章参考姜付秀等（2016）的研究考察了分行业信息披露对分析师行为的影响，具体包括分析师跟踪人数（Analyst）、预测偏差（Ferr）和预测分歧度（Fdisp）。相应的回归结果报告在表4-10中，可以看出分行业信息披露政策的实施显著增加了分析师跟踪人数，同时降低了预测偏差。表明分行业信息披露有助于吸引分析师关注，降低信息不对称，增强投资者对信息的理解吸收。

表 4-10　分行业信息披露与股价同步性：信息不对称

控制变量	（1）	（2）	（3）
	Ln（1+Analyst）	Ferr	Fdisp
TreatPost	0.055 **	−0.278 *	−0.131
	（2.238）	（−1.923）	（−1.233）
Treat	−0.020	0.085	0.039
	（−0.750）	（0.715）	（0.460）
Analyst		−0.017 ***	−0.009 ***
		（−6.154）	（−4.771）
Size	0.448 ***	−0.324 ***	−0.104 **
	（39.241）	（−5.054）	（−2.253）
Lev	−0.777 ***	1.038 ***	1.068 ***
	（−13.591）	（3.661）	（5.132）
Roe	1.240 ***	−9.410 ***	−7.399 ***
	（12.448）	（−11.188）	（−12.055）
Mb	−0.941 ***	1.460 ***	0.348
	（−18.037）	（4.660）	（1.534）
Soe	−0.148 ***	−0.288 ***	−0.217 ***
	（−5.934）	（−2.934）	（−3.047）
Dual	0.038 **	0.022	0.032
	（2.012）	（0.214）	（0.458）

续表

控制变量	(1)	(2)	(3)
	Ln（1+Analyst）	Ferr	Fdisp
Top1	−0.005***	0.002	0.003
	(−8.874)	(0.677)	(1.491)
Indp	−0.291*	1.730**	1.371**
	(−1.774)	(2.288)	(2.528)
Turnover	−0.074***	0.521***	0.512***
	(−6.829)	(5.795)	(8.779)
Grow	−0.021***	−0.020	0.014
	(−3.686)	(−0.584)	(0.514)
Estage	−0.320***	−0.186	−0.073
	(−9.918)	(−1.386)	(−0.771)
Loss	0.109***	−0.614	−1.516***
	(3.589)	(−1.634)	(−5.721)
Const	−5.231***	9.749***	4.618***
	(−21.040)	(7.673)	(4.932)
Year	Yes	Yes	Yes
Ind	Yes	Yes	Yes
Adj. R2	0.374	0.082	0.066
N	15457	15457	15457

注：*、**、***分别表示在10%、5%、1%的水平上显著（双尾检验）；括号内为 T 值，标准误经过公司层面的聚类调整。

资料来源：笔者整理所得。

第六节　本章小结

笔者手工整理沪深交易所分行业信息披露指引相关文件，并结合 A 股上市公司数据构造双重差分模型，实证考察了分行业信息披露对股价同步性的影响。研究结果发现，分行业信息披露显著降低了公司股价同步性，提高了资本市场定价效率。并且，这一效应在公司内部控制水平较高、报表经由十大会计师事务所审计时更为明显。经过一系列稳健性检验后，上述结论依然成立。进一步的机制分析发现，分行业信息披露政策的实施能通过降低投资者（尤其是散户投资者）的信息解读成本和吸引分析师关注、强化信息传播等方式促进公司特质性信息向价格的融入，进而降低股价同步性。

信息是资本市场的核心要素，高质量的信息披露是资本市场健康发展的基石。近年来，为推动建设分行业信息披露体系，更好地向投资者传递公司经营相关信息是监管部门的工作重点。本章以股价信息含量为切入点，实证考察了分行业信息披露政策的实施效果，为信息披露制度改革提供了经验证据。未来在进一步深化改革的基础上，监管部门还应着力关注公司内部控制水平的提升，同时大力完善外部监督治理机制，形成合力以促使信息披露制度改革效果更好地实现。从理论上来看，本章的研究不仅丰富了信息披露制度变化经济后果以及股价同步性影响因素的相关文献，同时对信息披露模式与投资者认知等研究也具有良好的启迪。

第五章　分行业信息披露与
股价崩盘风险

　　资本市场是一个信息驱动的公开市场，上市公司作为资本市场重要的信息生产者和发布者，其信息披露的质量直接影响着投资者的合法权益，关乎资本市场的运行效率。现代企业理论和实践都证明，管理层可能会为了个人薪酬最大化或职位晋升等自利性动机进行会计信息操纵（Hope 和 Thomas，2008；权小锋等，2018；王华杰和王克敏，2018）。《指引》强调信息披露的及时性、有效性和真实性，要求公司在常规性披露的基础上，增加对行业经营相关信息的呈报。这一方面能从信息发布的角度有效规范信息源，压缩企业操纵信息披露的空间，减少坏消息隐藏，提高信息的真实性和可信性。另一方面外部信息使用者还能通过与同类公司的比较，更容易地发现公司关键指标与同行相比时出现的异常，进而辨识管理层的自利性行为，增加其操纵信息的成本，降低管理层的机会主义行为，缓解信息生成过程中的代理问题，从而提升资本市场定价效率。基于此，本章试图从信息发布的视角，考察分行业信息披露对资本市场股价崩盘风险的影响。

第一节　问题提出

　　信息是资本市场的核心要素，高质量的信息披露是资本市场资源配置功能发挥的有力保障，也是维护市场稳定的重要支撑（Biddle 等，2009；Kim 等，2019）。不断完善信息披露制度，提升市场信息透明度，进而更好地服务于实体经济发展是近年来我国资本市场改革的重要方向。伴随着经济的快速发展，社会生产生活方式正在经历着深刻的变革，新兴商业模式不断涌现，业务形态呈现差异化、多元化的特征。根据中国证券监督管理委员会《2024 年 3 季度上市公司分类统计结果》的数据，我国沪深 A 股上市公司数量已逾 5111 家，涉及 19 个行业门类，81 个行业大类，上市公司的行业结构和规模发生巨大变化，逐步形成了"一所连百业"的市场行业新格局。考虑行业间经营模式和业务的差异性，为了更好地向使用者传递有关公司经营的相关信息，自 2013 年起沪深交易所陆续发布了上市公司分行业信息披露指引，制定了行业关键指标及差异化信息披露的标准。那么，分行业信息披露是否能有效改善信息环境，提升信息透明度，维护市场稳定？换句话说，分行业信息披露是否以及如何影响资本市场股价崩盘风险，这是本章研究的核心问题。

股价崩盘是指在无明显征兆的情况下股价突然大幅下挫的现象，这种金融异象存在于各国金融市场，在新兴经济体金融市场中表现得更为频繁和严重（丁慧等，2018；叶康涛等，2018）。股价断崖式下跌不仅会严重损害投资者利益，更有可能动摇市场信心，继而引发系统性风险，危害实体经济的健康发展（褚剑和方军雄，2017；彭俞超等，2018）。Jin 和 Myers（2006）认为，这一现象是由于公司管理层出于自身利益隐藏公司坏消息导致的，在坏消息积累到超过一定阈值时，一旦被市场捕捉或知悉到，将会导致股价出现报复式的下跌（Hutton 等，2009）。围绕管理层对坏消息的隐藏，现有文献分别从社会经济环境（Callen 和 Fang；2015；Cao 等，2016；Li 等，2017）、管理层股权激励（Kim 等，2011a；He，2015）、内部控制（Chen 等，2017）、机构投资者持股（An 和 Zhang，2011）等方面考察了股价崩盘风险的影响因素，却鲜有关注信息披露制度和形式变化本身带来的影响。事实上，信息披露制度作为企业信息生成、发布的基本遵循规则，其对市场信息环境的影响可能比传统的公司治理特征等因素的影响更为重要。因此，本章尝试以分行业信息披露政策为切入点进行研究，以弥补已有文献的不足。

分行业信息披露突出强调在一般性披露的基础上，要更加关注与行业经营特征相关指标信息的呈现。通过这些信息，投资者能更好地了解公司经营活动的全貌，准确判断管理层所做投融资决策的价值。换句话说，这些信息的披露使管理层自利主义行为更容易被发现，进而从源头上降低管理层隐藏坏消息的可能性（Kimbrough 等，2014）。从信息传播和流动的角度来看，分行业信息披露强化对行业关键性指标的披露，同时规范同行业公司的信息比较口径，会有效降低分析师的信息挖掘和搜寻成本，吸引更多的分析师跟踪和关注，降低公司内外部信息不对称（De Franco 等，2011）。因此，在理论上分行业信息披露的实施会通过抑制管理层自利性行为，同时改善信息传播环境等方面缓解股价崩盘风险。

在上述理论分析的基础上，首先，本章依托沪深交易所自 2013 年起交错发布上市公司分行业信息披露指引这一准自然实验，构造双重差分模型，对分行业信息披露与股价崩盘风险的关系进行了实证检验。双重差分模型的结果显示，分行业信息披露政策的实施显著降低了股价崩盘风险。其次，在经过一系列稳健性检验之后，这一结果依然保持稳健。进一步的截面分析考察了公司内外部环境对这一效果的影响，结果发现，当公司内部控制水平较低、外部监管环境较差时，分行业信息披露对股价崩盘风险的缓解效果更为明显。这表明，分行业信息披露政策与公司内外部治理机制在降低企业股价崩盘风险上具有一定的替代性。最后，本章对分行业信息披露影响股价崩盘风险的机制进行了分析，发现分行业信息披露有助于降低管理层代理成本，抑制管理层对坏消息的隐藏，同时增加分析师跟踪人数和预测精度，降低信息不对称，缓解股价崩盘风险。

与已有文献相比，本章的研究贡献主要体现在以下三个方面：①基于沪深交易所相继推出分行业信息披露指引这一准自然实验场景，实证检验了分行业信息披露制度的作用效果。推进分行业信息披露是近年来资本市场信息披露制度改革的热点问题，然而目前却鲜有文献关注这一改革的实施效果。本章从股价崩盘风险的视角出发来对这一问题进行研究，很好地弥补了以往文献的研究不足。②本章的研究丰富了资本市场股价崩盘风险影响因素相关领域的研究文献。现有研究大多从公司内外部治理环境的视角出发，考察了股价崩盘风险的影响因素（An和Zhang，2011；He，2015；Chen等，2017），却鲜有关注市场信息披露制度变化带来的影响。Habib等（2018）在关于股价崩盘风险的综述性研究中指出，信息披露制度变化对市场信息环境的影响是全方位、系统性的，因此他们呼吁未来更多的研究可以从资本市场信息制度变化的视角切入，本章的研究可以看作是对此的回应。③本章从降低管理层代理成本、抑制坏消息隐藏和吸引分析师跟踪、加快信息传播和流动等视角，检验了分行业信息披露政策实施缓解股价崩盘风险的作用机制，为后续关于信息披露方式、投资者认知与股价崩盘风险的相关研究提供了很好的参考。

此外，本章的研究结论也具有重要的政策内涵。信息是资本市场的核心要素，信息披露制度是资本市场高质量发展的基石。不断改革完善资本市场信息披露制度，更好地服务于投资者定价决策，维护市场长期稳定健康发展，是政府部门公共受托经济责任的重要内容。本章的研究结论表明，分行业信息披露制度有助于规范上市公司信息披露，抑制管理层进行自利性信息操纵行为的能力和动机，降低投资者的信息挖掘和解读成本，改善市场信息环境，缓解股价崩盘风险。因此，监管部门应继续深入推进分行业信息披露体系建设，充分考虑行业间经营模式的异质性，制定针对性强的行业实质性指标，为投资者呈现可读性更高的财务报告。与此同时，还应大力提升公司内部控制水平，完善外部监督机制，形成合力维护市场稳定。

第二节 文献回顾与研究假设

一、股价崩盘风险相关研究

股价崩盘是指股票市场价格在无明显征兆的情况下，出现断崖式下跌的现象。这一现象存在于各国资本市场，在新兴资本市场中表现得更为明显和严重。频繁的股价崩盘不仅会干扰资本市场资源配置功能的发挥，更有可能动摇投资者的信心，继而引发系统性金融风险。近年来，如何更好地防范股价崩盘风险，推动资本市场高质量发展也成为学术界和业界讨论的热点话题。早期关于股价暴跌影响因素的研究，主要从信息不对称引致的投资者异质性信念视角切入（Campbell 和 Hentschel，1992；Chen 等，2001；Hong 和 Stein，2003）。由于投资者信息获取和解码能力的差异，使他们在判断公司价值上具有不同的预期，最终产生定价意见分歧（Huber 和 Kirchler，2012；丁慧等，2018）。

此后，Jin 和 Myers（2006）进一步从管理层隐藏消息的视角解释了股价崩盘风险的成因，他们认为出于薪酬、晋升等自利性动机，公司管理层倾向于隐藏坏消息。然而，当坏消息的囤积超过一定阈值时，一旦被市场捕捉或知悉到，股价便会出现报复式下跌。近年来大量的文献围绕 Jin 和 Myers（2006）的"坏消息隐藏假说"从管理层代理成本的视角出发对股价崩盘风险影响因素进行了检验。Hutton 等（2009）和 Francis 等（2011）分别从公司应计盈余管理和真实盈余管理的视角出发，分析了其与公司未来股价崩盘风险的关系，发现管理层盈余管理行为显著加剧了公司未来股价崩盘风险。在此基础上，Kim 和 Zhang（2016）研究指出，稳健的会计信息披露能很好地缓解股价崩盘风险。Callen 和 Fang（2013）、An 和 Zhang（2013）考察了机构投资者监督的影响，发现机构投资者持股比例越高、时间越长，越有助于降低股价崩盘风险。近期文献开始关注社会文化对股价崩盘风险的影响，例如，Callen 和 Fang（2015）利用美国数据，研究了地区宗教信仰对股价崩盘风险，他们发现宗教信仰水平越高的地区，公司管理层隐藏坏消息的可能性越低，股价崩盘风险也随之降低。Cao 等（2016）和 Li 等（2017）检验了地区信任水平对股价崩盘风险的影响，他们的结果显示信任水平较高的地区，股价崩盘风险显著更低，这是因为信任水平的提升有助于降低管理层的代理成本。

从上述文献可以看出，目前关于股价崩盘风险的研究仍主要集中于公司高管特征、内外部治理环境等方面，鲜有关注信息披露制度变化带来的影响。事实上，信息披露制度影响信息生成、发布、传播与解读等各个维度，这种制度的变化给市场信息环境带来的影响可能比传统意义上的经济因素更为重要和深远（DeFond 等，2015）。Habib 等（2018）在关于股价崩盘风险的综述性研究中也呼吁，未来的研究可以尝试从资本市场信息制度变化的视角切入。基于此，本章试图考察分行业信息披露政策的实施对公司股价崩盘风险的影响，以弥补以往文献的不足。

二、假设推导

防控风险、保持稳定是经济实现高质量发展的前提和基础。党的十九大报告和中央经济工作会议多次提到要防范和化解重大风险，并将其列为"三大攻坚战"之首。习近平总书记在 2019 年 2 月 22 日主持中共中央政治局第十三次集体学习时指出，金融安全是国家安全的重要组成部分，防范化解金融风险特别是防止发生系统性金融风险，是金融工作的根本性任务。由于目前我国正处于转轨阶段，资本市场各项制度尚不十分完善，投资者专业能力不足，导致市场走势波动较大，暴涨暴跌现象频现。为了更好地推动资本市场健康发展，维护市场稳定，监管部门不断改革完善各项制度，提升市场信息透明度。交易所推行的分行业信息披露即是为了规范各行业公司的信息披露内容，使投资者更全面地了解公司经营过程，准确把握收益和风险的关系。结合上文关于股价崩盘风险相关文献的分析，分行业信息披露制度的实施可能会从以下两个方面缓解股价崩盘风险：

（1）降低管理层代理成本，从源头上抑制其对坏消息的隐藏，缓解股价崩盘风险。经典委托代理理论指出，由于管理层与股东之间的利益函数不一致，在面对私有收益和股东利益相冲突时，他们往往会更加关注自身利益，即会产生代理问题（Jensen 和 Meckling，1976）。在公司经营过程中，他们有强劲的动力去谋求高额薪酬、扩大在职消费，甚至构建商业帝国以获得更多资源配置权。然而，这些信息一旦为公司治理层或股东所知悉，必然会遭受制止，甚至经理人员将会面临解聘的风险。因此，管理层会尽可能粉饰和操纵信息披露，隐藏或延迟坏消息的发布。随着坏消息的不断囤积超过一定阈值被市场所获悉后，股价便会出现报复性崩盘（Jin 和 Myers，2006；Hutton 等，2009）。事实上，分行业信息披露政策的实施能很好地缓解这一问题。一方面，分行业信息披露政策要求企业结合所在行业特征披露更多实质性经营信息及其指标，这在一定程度上降低了企业信息粉饰的空间，提高了企业机会主义行为的成本；另一方面，分行业信息披露后，投资者能更容易地发现公司关键指标与同行相比时所出现的异常，进而辨识管理层的自利性行为。通过这两个方面，共同降低管理层的代理成本，缓解股价崩盘风险。

（2）增加分析师跟踪，降低内外部信息不对称，缓解股价崩盘风险。信息不对称引致的投资者异质性预期是加剧股价崩盘风险的重要根源（Hong 和 Stein，2003）。现有文献指出，分析师作为市场信息传播的重要中介，在降低信息不对称，改善信息环境等方面发挥了重要作用（朱红军等，2007）。特别是在个人投资者较多的新兴市场，大部分散户投资者都不具备理解财务报告信息的能力，往往需要依赖于分析师等信息中介的专业解读（Jung 等，2019）。分析师的报告已经成为投资者理解公司信息，进行投资决策的重要依据（Ayres 等，2019）。分行业信息披露政策的实施，一方面促使公司根据所处行业特点披露更多的行业经营关键性指标信息，另一方面能规范指标口径，提升公司与同行业其他公司间的信息可比性。这将会降低分析师的信息挖掘和搜寻成本，吸引更多的分析师跟踪和关注，进而降低信息不对称，缓解股价崩盘风险（De Franco 等，2011）。

综合上述分析，分行业信息披露一方面会使得管理层自利主义行为更容易被发现，进而从源头上降低管理层隐藏坏消息的可能性；另一方面也能有效降低分析师的信息挖掘和搜寻成本，吸引更多的分析师跟踪和关注，改善信息传播和流动，降低公司内外部信息不对称。最终，通过这两个方面共同降低股价崩盘风险。基于此，本章提出以下假设：

H1：分行业信息披露政策的实施有助于降低公司股价崩盘风险

H1 的分析指出，分行业信息披露有助于降低股价崩盘风险。事实上，这一效果在不同内部治理水平的公司中可能存在异质性。健全完备的内部控制体系，能形成有效的监督制衡，抑制管理层自利性行为，保障财务报告信息真实可靠。反之，当公司内部控制水平较差时，信息披露质量越低，管理层机会主义行为更为明显（Kim 和 Park，2009；方红星和金玉娜，2011）。分行业信息披露制度作为一项强制政策，能有效地改善信息环境，增加管理层自利性行为被发现的概率，进而降低代理成本。这意味着，在公司内部控制水平较低时，分行业信息披露政策对管理层自利性行为的约束效果越明显。

因此，当公司内部控制水平较低时，分行业信息披露政策的实施更能有效地规范管理层行为，抑制坏消息的隐藏，缓解股价崩盘风险。基于此，本章提出以下假设：

H2：企业内部控制水平越低时，分行业信息披露政策对股价崩盘风险的缓释作用越明显

除上述公司内部治理特征外，分行业信息披露政策对企业股价崩盘风险的影响在不同外部治理环境中也有可能表现出异质性。Francis 和 Wang（2008）研究认为，一国或地区外部治理环境会对企业的信息披露、内部治理风格等产生系统性的影响。在外部治理环境较好、投资者保护力度较大的地区，公司信息披露质量较高、管理层舞弊的可能性较小（Leuz 等，2003；吴永明和袁春生，2007；李延喜等，2012）。反过来，在公司外部监管环境较差时，公司管理层隐藏或延迟披露坏消息的概率更高。而分行业信息披露政策通过强化公司对行业经营关键性指标信息的披露和同类公司信息比较口径的规范，能有效提升外部信息使用者对公司管理层机会主义行为的识别，进而起到震慑作用。换句话说，在公司外部监管环境较弱时，分行业信息披露政策对管理层自利性行为的约束效果越明显。

因此，当公司外部监管环境越差时，分行业信息披露政策的实施更能有效地规范管理层行为，抑制坏消息的隐藏，缓解股价崩盘风险。基于此，本章提出以下假设：

H3：企业外部监管环境越弱时，分行业信息披露政策对股价崩盘风险的缓释作用越明显

第三节　研究设计

一、样本选取与数据来源

（一）上市公司数据

选取 2009~2019 年中国沪深 A 股上市公司作为研究样本，上市公司数据主要来源于国泰安（CSMAR）和万得（Wind）数据库，其中包括上市公司财务报表数据、股票市场数据以及企业性质等信息，同时考虑金融行业的特殊性，剔除行业分类属于金融、保险业的公司以及数据缺失的样本。

（二）分行业信息披露相关数据

首先，根据上海证券交易所和深圳证券交易所官方网站公告，手工梳理出行业信息披露指引相关文件（见上文关于分行业信息披露相关内容）；其次，详细阅读文件指引具体内容，界定影响的板块、行业以及开始实施的时间；最后，根据上市公司所处行业、主营业务范围等信息识别政策处理组和控制组样本。

二、变量说明

（一）股价崩盘风险指标

本章借鉴参考已有研究，采用负收益偏态系数（Ncskew）、收益上下波动比率（Duvol）和股价暴跌频率（Frequency）来衡量企业的股价崩盘风险（Hutton 等，2009；许年行等，2012；赵静等，2018）。具体计算方法如下：

首先，对每个年度每个股票的周收益率，根据下面模型估计个股的特质收益率：

$$r_{i,t} = \alpha + \beta_1 r_{m,t-2} + \beta_2 r_{m,t-1} + \beta_3 r_{m,t} + \beta_4 r_{m,t+1} + \beta_5 r_{m,t+2} + \varepsilon_{it} \tag{5-1}$$

式中，$r_{i,t}$ 为第 i 个公司股票在第 t 周的收益率；$r_{m,t}$ 为市场组合在第 t 周的加权收益率，调整非同步性交易的影响。

其次，取上述回归的残差项，得到股票 i 在第 t 周的特有收益为 $w_{i,t} = \ln(1+\varepsilon_{i,t})$。

最后，根据特有收益率分别计算负收益偏态系数（Ncskew）和收益上下波动比率（Duvol）指标。

$$\mathrm{Ncskew}_{i,t} = -\frac{n(n-1)^{3/2}\sum w_{i,t}^3}{(n-1)(n-2)\left(\sum w_{i,t}^2\right)^{3/2}} \tag{5-2}$$

$$\mathrm{Duvol}_{i,t} = \ln\left(\frac{n_u-1}{n_d-1}\frac{\sum_{Down} w_{i,t}^2}{\sum_{up} w_{i,t}^2}\right) \tag{5-3}$$

其中，n 为股票 i 在当年度交易的周数；n_u、n_d 分别表示一年中股票周特有收益率大于、小于年平均收益率的周数。负收益偏态系数（Ncskew）和收益上下波动比率（Duvol）指标均为正向指标，值越大代表股价崩盘风险越高。

此外，我们还借鉴 Piotroski 等（2015）、赵静等（2018）的研究，采用股价暴跌的频率作为股价崩盘风险的衡量。具体而言，Frequency 为股票 i 在每年经过市场调整后的周收益率 $W_{i,t}$ 小于该公司当年 $W_{i,t}$ 均值的两倍标准差以下的周数占总交易周数的比例。同样 Frequency 越大，意味着股价崩盘风险越大。

（二）其他控制变量

其他控制变量。根据已有研究（Hutton 等，2009；Kim 和 Zhang，2016；许年行等，2012；赵静等，2018），本章选取当期的负偏度收益（Ncskew_{t+1}）、月平均超额换手率（$\mathrm{Turnover}_t$）、收益波动率（Sigma_t）、公司年度平均周收益率（Ret_t）、公司规模（Size）、资产负债率（Lev）、账面市值比（MB）、产权性质（Soe）、总资产收益率（Roa）、董事长和总经理两职合一（Dual）作为控制变量。同时还控制了年度（Year）和行业（Industry）固定效应。具体的变量定义如表 5-1 所示。

表 5-1　变量定义和说明

变量名称	变量符号	变量描述
负偏度收益	Ncskew_{t+1}	向后一年股票周收益的负偏度，算法见公式（5-2）
周收益上下波动比率	Duvol_{t+1}	向后一年股票周收益上下波动比率，算法见公式（5-3）

续表

变量名称	变量符号	变量描述
股价崩盘频率	Frequency$_{t+1}$	向后一年股票崩盘频率，每年周收益率小于该公司当年周收益率均值的两倍标准差以下的周数占比
分行业信息披露	Treat	是否分行业披露，公司 i 是否需要遵循分行业信息披露指引，如果遵循则为 1，否则为 0。
实施时间	Post	分行业披露实施时间，分行业信息披露指引实施的时间前后，实施之前为 0，之后为 1
月平均超额换手率	Turnover$_t$	第 t 年的月平均换手率减去第 t−1 年月平均换手率
收益波动率	Sigma$_t$	第 t 年实际周收益率的标准差
平均周收益率	Ret$_t$	第 t 年实际周收益率的平均值
公司规模	Size$_t$	第 t 年公司总资产的对数
负债率	Lev$_t$	第 t 年公司资产负债率
账面市值比	MB$_t$	第 t 年年末总市值与净资产账面价值的比率
总资产收益率	Roa$_t$	第 t 年年末净利润与总资产的比率
两职合一	Dual$_t$	第 t 年公司董事长和总经理为同一人，则取值为 1，否则为 0
企业性质	Soe$_t$	第 t 年若实际控制人为国有控股，则为国有企业，取值为 1，否则为 0
行业	Industry	行业虚拟变量
年份	Year	年份虚拟变量

资料来源：笔者整理所得。

三、模型设定

参考 Chen 等（2012）、赵静等（2018）的研究，我们使用双重差分模型来检验分行业信息披露对股价崩盘风险的影响：

$$Crash_{i,t+1} = \alpha + \beta_1 Treat_{i,t} + \beta_2 TreatPost_{i,t} + \beta_3 Controls_{i,t} + Year + Industry + \varepsilon_{it} \quad (5-4)$$

其中，Crash 表示股价崩盘风险（采用 Ncskew、Duvol 和 Frequency 三个指标来衡量）；解释变量 Treat，当上市公司所处行业在样本期间实施分行业信息披露，则该公司样本为实验组取值为 1，否则为控制组取值为 0。Post 表示上市公司所处行业实施分行业信息披露之后的年份为 1，之前的年度为 0。其中 Treat-Post 交互项系数 β_2 衡量了分行业信息披露政策对股价崩盘风险的影响效果。Control 表示模型的控制变量，Year 表示时间固定效应，Industry 表示行业固定效应。为消除极端值的影响，模型中所有的连续变量如 Size、Lev 等，都基于整个市场层面，按照 1% 与 99% 百分位进行缩尾处理。

四、描述性统计

表 5-2 报告了主要变量的描述性统计结果。Ncskew 和 Duvol 表示企业股价崩盘风险，其值越大代表崩盘风险越高。以 Ncskew 为例，其均值为 -0.314，中位数为 -0.283，与王化成等（2015）的结果较为类似。Frequency 的均值为 0.019，意味着上市公司样本期间发生股票崩盘的频率为 1.9%。Treat 的均值为 0.368，表明样本期间大约有 40% 的公司受到分行业信息披露政策的影响。从控制变量来看，Size 的均值（中位数）为 22.070（21.902），Lev 的均值（中位数）为 0.437（0.432），Roa 的均值（中位数）为 0.038（0.036）。从这些结果来看，各变量分布较为均匀，没有明显的偏态。

表 5-2　描述性统计

变量	均值	中位数	标准差	最小值	最大值
Post	0.144	0.000	0.351	0.000	1.000
Treat	0.368	0.000	0.482	0.000	1.000
Duvol	-0.216	-0.219	0.485	-1.391	1.067
Ncskew	-0.314	-0.283	0.714	-2.414	1.692
Frequency	0.019	0.019	0.016	0.000	0.060
Sigma	0.064	0.059	0.025	0.026	0.156
Ret	0.003	0.001	0.011	-0.017	0.036
Turnover	-0.120	-0.066	0.465	-1.873	1.051
Size	22.070	21.902	1.296	19.160	25.968
Lev	0.437	0.432	0.213	0.047	0.996
Roa	0.038	0.036	0.058	-0.283	0.205
Soe	0.405	0.000	0.491	0.000	1.000
Dual	0.254	0.000	0.435	0.000	1.000
MB	2.122	1.665	1.430	0.903	10.166

资料来源：笔者整理所得。

第四节 分行业信息披露与股价崩盘风险实证结果分析

一、分行业信息披露与股价崩盘风险：基准结果

为了检验本章的研究 H1，分行业信息披露与企业股价崩盘风险的关系，我们按照模型（5-4）进行回归，得到的结果报告在表 5-3 中。第（1）~第（3）列分别表示使用周收益上下波动比率（Duvol）、负收益偏态系数（Ncskew）和股价崩盘频率（Frequency）作为因变量进行回归的结果。可以发现，TreatPost 的回归系数在各列均显著为负，表明相比于未受分行业信息披露政策影响的企业而言，受政策影响的公司其股价崩盘风险在政策实施之后显著降低。换句话说，上市公司实施分行业信息披露可以显著降低企业未来的股价崩盘风险，即 H1 得到验证。控制变量的回归结果，如 $Ncskew_t$、Ret_t、MB_t 与股价崩盘指标显著正相关，这与已有文献的研究较为类似（Fan 和 Wong，2002；姜付秀等，2016；赵静等，2018）。上述结果意味着交易所推行的分行业信息披露指引规范了各行业上市公司的信息披露内容、提升了上市公司信息透明度，降低了股价崩盘风险，使投资者能更全面地了解公司经营过程，准确把握收益和风险的关系。

表 5-3 分行业信息披露与股价崩盘风险：基本结果

控制变量	(1)	(2)	(3)
	$Duvol_{t+1}$	$Ncskew_{t+1}$	$Frequency_{t+1}$
$TreatPost_t$	−0.039 **	−0.050 **	−0.001 *
	(−2.295)	(−1.963)	(−1.811)
Treat	0.100 ***	0.131 ***	0.004 ***
	(9.608)	(8.571)	(8.477)
$Ncskew_t$	0.071 ***	0.067 ***	0.040 ***
	(8.658)	(8.043)	(4.493)
$Turnover_t$	−0.031 ***	−0.047 ***	−0.002 ***
	(−3.058)	(−3.105)	(−5.393)
$Sigma_t$	−1.159 ***	−1.506 ***	−0.047 ***
	(−4.204)	(−3.624)	(−3.529)

续表

控制变量	（1）	（2）	（3）
	Duvol$_{t+1}$	Ncskew$_{t+1}$	Frequency$_{t+1}$
Ret$_t$	7.736***	11.429***	0.181***
	（12.261）	（12.426）	（5.502）
Size$_t$	−0.003	0.006	0.000
	（−0.661）	（0.850）	（0.456）
Lev$_t$	0.042*	0.052	0.000
	（1.661）	（1.393）	（0.112）
Roa$_t$	0.089	0.276**	−0.004
	（1.013）	（2.066）	（−1.030）
Soe$_t$	−0.010	−0.033**	0.000
	（−1.124）	（−2.455）	（0.759）
Dual$_t$	−0.001	0.010	0.000
	（−0.121）	（0.689）	（0.238）
MB$_t$	0.019***	0.028***	0.001***
	（4.964）	（5.076）	（5.046）
Const	−0.230**	−0.509***	0.012***
	（−2.229）	（−3.250）	（2.869）
Year	Yes	Yes	Yes
Ind	Yes	Yes	Yes
Adj. R^2	0.061	0.061	0.021
N	16425	16425	16425

注：①*、**、***分别表示10%、5%、1%水平上显著（双尾检验）；②括号内为T值，标准误经过公司层面的聚类调整。

资料来源：笔者整理所得。

二、分行业信息披露与股价崩盘风险：内部控制

H2 的分析指出，在内部控制水平较弱的企业中，分行业信息披露政策对股价崩盘风险的缓解作用更为明显。事实上，分行业信息披露制度作为一项强制政策，能有效地改善上市公司信息环境。这意味着，在公司内部控制水平较低时，分行业信息披露政策可以作为内部控制的良好替代，加强对管理层自利性行为的约束效应。为了验证假设 2，本章参考张会丽和吴有红（2014）等的研究，采用

迪博（DIB）内部控制指数（Nkindex）衡量企业内部控制水平，并根据该指数的中位数将样本分为内部控制水平较高和较低两组分别进行回归，得到的结果报告在表5-4中。可以看出，TreatPost的回归系数仅在内部控制水平较低组中显著为负。这表明分行业信息披露政策的实施，改善了上市公司的信息披露环境，可以产生替代效应，为内部控制水平较低的企业带来更强的约束效应，能更有效地规范管理层行为，抑制坏消息的隐藏，缓解股价崩盘风险，也即H2得到验证。当公司内部控制水平较低时，分行业信息披露政策对股价崩盘风险的缓解作用更为明显。

表5-4　分行业信息披露与股价崩盘风险：内部控制

控制变量	(1)	(2)	(3)	(4)	(5)	(6)
	Duvol t+1		Ncskew t+1		Frequencyt+1	
	内控水平高	内控水平低	内控水平高	内控水平低	内控水平高	内控水平低
TreatPost$_t$	-0.028	-0.053^{**}	-0.047	-0.053^{*}	0.000	-0.004^{***}
	(-1.180)	(-2.059)	(-1.376)	(-1.759)	(0.035)	(-3.746)
Treat	0.099^{***}	0.101^{***}	0.130^{***}	0.135^{***}	0.003^{***}	0.004^{***}
	(6.907)	(7.003)	(6.185)	(3.212)	(6.368)	(7.041)
Ncskew$_t$	0.066^{***}	0.074^{***}	0.074^{***}	0.057^{***}	0.045^{***}	0.030^{*}
	(5.898)	(6.322)	(6.349)	(5.751)	(2.807)	(1.830)
Turnover$_t$	-0.041^{***}	-0.019	-0.064^{***}	-0.028	-0.003^{***}	-0.002^{***}
	(-2.992)	(-1.307)	(-3.226)	(-0.971)	(-4.461)	(-3.991)
Sigma$_t$	-1.133^{***}	-0.842^{**}	-1.415^{**}	-1.152	-0.029^{*}	-0.056^{**}
	(-3.006)	(-2.048)	(-2.493)	(-1.282)	(-1.755)	(-2.167)
Ret$_t$	7.673^{***}	7.629^{***}	11.630^{***}	10.987^{***}	0.171^{***}	0.184^{***}
	(8.870)	(8.111)	(9.342)	(7.181)	(4.233)	(3.310)
Size$_t$	-0.007	0.001	0.003	0.009	0.000	0.000
	(-1.191)	(0.183)	(0.365)	(0.655)	(0.284)	(0.499)
Lev$_t$	0.019	0.071^{**}	-0.015	0.118^{**}	-0.001	0.001
	(0.498)	(2.102)	(-0.266)	(2.228)	(-0.623)	(0.738)
Roa$_t$	0.548^{***}	-0.199^{*}	0.884^{***}	-0.109	0.002	-0.008
	(3.944)	(-1.661)	(4.280)	(-0.611)	(0.428)	(-1.432)
Soe$_t$	0.007	-0.027^{**}	-0.010	-0.055^{***}	0.001	0.000
	(0.548)	(-2.143)	(-0.526)	(-4.024)	(1.536)	(0.012)

控制变量	(1)	(2)	(3)	(4)	(5)	(6)
	Duvol t+1		Ncskew t+1		Frequencyt+1	
	内控水平高	内控水平低	内控水平高	内控水平低	内控水平高	内控水平低
Dual$_t$	−0.007	0.005	0.011	0.008	−0.000	0.001
	(−0.557)	(0.385)	(0.607)	(0.474)	(−0.663)	(1.076)
MB$_t$	0.016***	0.017***	0.023***	0.026**	0.001***	0.001***
	(2.911)	(3.164)	(2.918)	(2.269)	(2.693)	(3.179)
Const	−0.221*	−0.321*	−0.535***	−0.585**	0.009	0.013**
	(−1.671)	(−1.955)	(−2.636)	(−2.110)	(1.567)	(2.278)
Year	Yes	Yes	Yes	Yes	Yes	Yes
Ind	Yes	Yes	Yes	Yes	Yes	Yes
Adj. R^2	0.070	0.055	0.069	0.055	0.009	0.008
N	8791	7632	8791	7632	8791	7632

注：*、**、***分别表示在10%、5%、1%的水平上显著（双尾检验）；括号内为T值，标准误经过公司层面的聚类调整。

资料来源：笔者整理所得。

三、分行业信息披露与股价崩盘风险：外部监督

外部监管环境也是规范管理层行为，促使企业遵守和执行规则的重要力量。已有文献指出，经理人在监管环境越弱的情况下越有动机对坏消息进行隐藏，从而加大股价崩盘的风险（Kim和Zhang，2014；赵静等，2018）。分行业信息披露政策是一项强制政策，能约束企业的信息披露行为，可以作为外部监管环境的有益补充。因此，H3预期分行业信息披露政策对股价崩盘风险的缓解作用在外部监管环境较弱的公司中更为明显。

为了验证这一假设，从两方面来衡量外部监督环境：①从财务报表外部审计师的角度进行衡量，诸多研究证实高质量的审计监督能有效规制管理层的自利行为，提升公司治理水平（Callen和Fang，2012）。基于此，参考何贤杰等（2018）、孟庆斌等（2019）相关文献的做法，按照中注协事务所排名前"十大"与"非十大"的标准进行划分。大型事务所一般独立性较强，业务流程更为规范，因而表现出更高的审计监督质量（Francis等，2014）。回归结果报告在表5-5中。可以看出，TreatPost的回归系数均为负，但仅在报表经由非十大会计师事务所审计的公司中显著。表明分行业信息披露对股价崩盘风险的缓解作用在外部监督环

境较弱的情况下更显著，也即 H3 得到验证。

表 5-5 分行业信息披露与股价崩盘风险：外部监督

控制变量	（1）	（2）	（3）	（4）	（5）	（6）
	Duvol$_{t+1}$		Ncskew$_{t+1}$		Frequency$_{t+1}$	
	十大审计	非十大审计	十大审计	非十大审计	十大审计	非十大审计
TreatPost$_t$	-0.033	-0.040**	-0.035	-0.063*	-0.001	-0.002*
	（-1.207）	（-2.043）	（-0.941）	（-1.874）	（-0.982）	（-1.933）
Treat	0.097***	0.101***	0.130***	0.128***	0.003***	0.004***
	（7.004）	（5.048）	（5.952）	（4.334）	（5.458）	（5.556）
Ncskew$_t$	0.061***	0.079***	0.056***	0.076***	0.043***	0.034**
	（6.202）	（5.637）	（5.632）	（4.559）	（3.188）	（2.391）
Turnover$_t$	-0.019	-0.043**	-0.032*	-0.063**	-0.002***	-0.002***
	（-1.406）	（-2.665）	（-1.697）	（-2.739）	（-3.904）	（-5.436）
Sigma$_t$	-0.800*	-1.607***	-0.885	-2.267***	-0.045**	-0.048***
	（-1.884）	（-4.798）	（-1.451）	（-3.807）	（-2.356）	（-2.736）
Ret$_t$	7.193***	8.220***	10.464***	12.316***	0.180***	0.179***
	（11.796）	（8.887）	（11.735）	（8.184）	（5.232）	（3.561）
Size$_t$	-0.009*	0.008	0.001	0.021	0.000	0.000
	（-1.915）	（0.993）	（0.090）	（1.676）	（0.487）	（0.413）
Lev$_t$	0.031	0.045	0.021	0.070	0.000	-0.000
	（0.947）	（1.357）	（0.444）	（1.275）	（0.069）	（-0.043）
Roa$_t$	0.196	-0.050	0.455**	0.047	0.000	-0.009
	（1.509）	（-0.356）	（2.517）	（0.218）	（0.054）	（-1.313）
Soe$_t$	-0.003	-0.020	-0.036**	-0.035*	0.001	-0.000
	（-0.302）	（-1.559）	（-2.722）	（-1.852）	（1.129）	（-0.235）
Dual$_t$	0.008	-0.009	0.025	-0.003	0.000	0.000
	（0.739）	（-0.723）	（1.432）	（-0.167）	（0.703）	（0.093）
MB$_t$	0.015***	0.024***	0.022***	0.036***	0.001***	0.001***
	（6.787）	（5.319）	（4.692）	（5.400）	（2.700）	（3.376）
Const	-0.016	-0.497***	-0.298	-0.862***	0.010**	0.013*
	（-0.109）	（-3.097）	（-1.335）	（-3.315）	（1.983）	（1.745）
Year	Yes	Yes	Yes	Yes	Yes	Yes

控制变量	（1）	（2）	（3）	（4）	（5）	（6）
	Duvol$_{t+1}$		Ncskew$_{t+1}$		Frequency$_{t+1}$	
	十大审计	非十大审计	十大审计	非十大审计	十大审计	非十大审计
Ind	Yes	Yes	Yes	Yes	Yes	Yes
Adj. R^2	0.062	0.061	0.060	0.062	0.008	0.008
N	8573	7852	8573	7852	8573	7852

注：*、**、***分别表示在10%、5%、1%的水平上显著（双尾检验）；括号内为 T 值，标准误经过公司层面的聚类调整。

资料来源：笔者整理所得。

除外部审计师的角度外，我们还用地区法律环境指数来衡量外部监管力量的强弱（王化成等，2014；黄继承等，2014）。基于此，我们也按法律环境指数进行分组，得到的结果报告在表5-6中。从表中可以看出，在法律环境保护较弱即外部监管环境较差时，分行业信息披露政策的实施对股价崩盘风险的缓解作用更为显著，进一步验证了本章的 H3。

表5-6　分行业信息披露与股价崩盘风险：法律环境

控制变量	（1）	（2）	（3）	（4）	（5）	（6）
	Duvol$_{t+1}$		Ncskew$_{t+1}$		Frequency$_{t+1}$	
	法律环境保护强	法律环境保护弱	法律环境保护强	法律环境保护弱	法律环境保护强	法律环境保护弱
TreatPost$_t$	0.035	−0.038	0.051	−0.097*	−0.001	−0.004***
	（1.388）	（−1.367）	（1.343）	（−1.654）	（−0.583）	（−2.580）
Treat	−0.004	0.059***	−0.002	0.082**	0.003***	0.006***
	（−0.381）	（3.589）	（−0.087）	（2.509）	（5.500）	（9.788）
Ncskew$_t$	0.057***	0.024	0.070***	0.031	0.052***	−0.013
	（5.976）	（1.225）	（5.767）	（1.504）	（5.024）	（−0.674）
Turnover$_t$	−0.046***	−0.006	−0.059***	−0.007	−0.002***	−0.000
	（−4.580）	（−0.260）	（−3.534）	（−0.172）	（−5.819）	（−0.330）
Sigma$_t$	−1.228***	−2.060**	−1.254***	−3.047***	−0.043***	−0.066**
	（−4.470）	（−2.618）	（−2.946）	（−3.219）	（−3.076）	（−2.241）
Ret$_t$	9.481***	9.089***	14.747***	12.275***	0.181***	0.171***
	（11.051）	（6.513）	（15.195）	（5.370）	（4.709）	（3.563）

续表

控制变量	(1)	(2)	(3)	(4)	(5)	(6)
	Duvol$_{t+1}$		Ncskew$_{t+1}$		Frequency$_{t+1}$	
	法律环境 保护强	法律环境 保护弱	法律环境 保护强	法律环境 保护弱	法律环境 保护强	法律环境 保护弱
Size$_t$	0.024***	0.022	0.035***	0.033**	0.000	−0.000
	(5.312)	(1.496)	(4.939)	(2.180)	(1.181)	(−0.691)
Lev$_t$	−0.021	−0.065	−0.006	−0.070	−0.000	0.001
	(−0.876)	(−1.337)	(−0.172)	(−0.894)	(−0.284)	(0.339)
Roa$_t$	0.302*	0.025	0.592**	0.124	−0.003	−0.010
	(1.987)	(0.141)	(2.705)	(0.423)	(−0.692)	(−0.795)
Soe$_t$	−0.056***	−0.021	−0.080***	−0.033	0.000	0.000
	(−4.054)	(−1.098)	(−4.453)	(−1.067)	(0.770)	(0.300)
Dual$_t$	0.008	0.037*	0.015	0.089**	0.000	−0.000
	(0.926)	(1.923)	(1.105)	(2.482)	(0.193)	(−0.279)
MB$_t$	0.023***	0.024***	0.029***	0.033***	0.001***	0.000*
	(6.228)	(3.238)	(5.852)	(3.283)	(4.851)	(1.693)
Const	−0.886***	−0.895**	−1.263***	−1.251***	0.010**	0.022*
	(−7.671)	(−2.496)	(−7.042)	(−3.551)	(2.574)	(1.825)
Year	Yes	Yes	Yes	Yes	Yes	Yes
Ind	Yes	Yes	Yes	Yes	Yes	Yes
Adj. R^2	0.079	0.066	0.075	0.062	0.008	0.011
N	12937	3488	12937	3488	12937	3488

注：*、**、***分别表示在10%、5%、1%的水平上显著（双尾检验）；括号内为T值，标准误经过公司层面的聚类调整。

资料来源：笔者整理所得。

四、分行业信息披露与股价崩盘风险：稳健性检验

（一）平行趋势检验

在上文的实证检验中，主要采用双重差分模型对分行业信息披露影响股价崩盘风险的效果进行了估计。事实上，双重差分模型的运用依赖于一个重要假设：即如果政策冲击没有发生，结果变量在实验组和控制组的变化趋势应该保持一致，也被称作平行趋势假设（Parallel Trend）。如果不满足这一假设前提，双重差分模型的估计结果将是有偏差的。为了缓解平行趋势假设的担忧，参考Serfling（2016）的研究，利用分时段的动态效应来考察平行趋势假设的合理性。

我们以公司受政策影响当年为基准划分时间段，并定义以下虚拟变量：在公司受到分行业信息披露政策影响的 4 年之前（≥4 年），虚拟变量 Post（≤-4）取值为 1，否则为 0；在公司受到分行业信息披露政策影响前的第 3 年（仅含等于 3），虚拟变量 Post（-3）取值为 1，否则为 0；公司受到分行业信息披露政策影响前的第 2 年（仅含等于 2），虚拟变量 Post（-2）取值为 1，否则为 0；公司受到分行业信息披露政策影响前的第 1 年（仅含等于 1），虚拟变量 Post（-1）取值为 1，否则为 0。同理，公司受到分行业信息披露政策影响的第 1 年、第 2 年、第 3 年、第 4 年及之后的公司—年度观测值，相应虚拟变量 Post（1）、Post（2）、Post（3）、Post（≥4）取值为 1，否则为 0。同时，将交互项 TreatPost（≤-4）记作 Cross_4；交互项 TreatPost（-3）记作 Cross_3，依次类推，定义 Cross_2、Cross_1。将交互项 TreatPost（1）记作 Cross1；交互项 TreatPost（2）记作 Cross2，依次类推，定义 Cross3、Cross4。继而，通过观察 Cross_4 到 Cross4 变量的系数变化捕捉平均处理效应的时间趋势。

表 5-7 报告了相应的回归结果。从上述结果可以发现，在分行业信息披露政策实施之前，处理组公司和控制组公司在股价崩盘风险的表现上并无显著差异（Cross_4 到 Cross_1 变量均不显著），而在分行业信息披露政策实施之后，处理组公司的股价崩盘风险相比于控制组公司有了显著的降低（Cross1 到 Cross3 变量均显著为负）。处理效应之前，两组样本在股价崩盘风险表现上的非显著性差异在一定程度上支持了平行趋势假定的合理性，缓解了采用 DID 估计方法有效性的担忧。

表 5-7　分行业信息披露与股价崩盘风险：平行趋势检验

控制变量	（1）Duvol$_{t+1}$	（2）Ncskew$_{t+1}$	（3）Frequency$_{t+1}$
Cross_4	−0.005	0.010	−0.001
	（−0.24）	（0.29）	（−1.32）
Cross_3	0.012	0.020	−0.000
	（0.58）	（0.55）	（−0.09）
Cross_2	−0.022	−0.012	−0.001
	（−0.68）	（−0.31）	（−1.08）
Cross_1	0.011	0.022	0.000
	（0.49）	（0.55）	（0.25）
Cross1	−0.050**	−0.044	−0.001
	（−2.22）	（−0.99）	（−1.40）

续表

控制变量	（1） Duvol$_{t+1}$	（2） Ncskew$_{t+1}$	（3） Frequency$_{t+1}$
Cross2	−0.046*	0.005	−0.001
	（−1.73）	（0.10）	（−1.22）
Cross3	−0.164**	−0.261**	−0.006*
	（−2.18）	（−2.25）	（−1.94）
Cross4	0.033	0.113	−0.001
	（0.41）	（0.79）	（−0.59）
Treat	0.130	0.227	0.002
	（1.60）	（1.63）	（0.81）
Ncskew$_t$	0.070***	0.066***	0.027***
	（8.23）	（8.27）	（3.57）
Turnover$_t$	−0.029***	−0.059***	−0.001***
	（−3.31）	（−3.62）	（−3.64）
Sigma$_t$	−1.035***	−1.530***	−0.016***
	（−6.12）	（−4.67）	（−3.61）
Ret$_t$	6.956***	10.596***	0.090***
	（9.43）	（11.42）	（4.45）
Size$_t$	−0.008	−0.002	−0.000
	（−1.46）	（−0.36）	（−0.96）
Lev$_t$	0.040**	0.049	0.000
	（2.19）	（1.35）	（0.21）
Roa$_t$	0.140	0.317**	−0.002
	（1.36）	（2.44）	（−0.76）
Soe$_t$	−0.015*	−0.044***	0.000
	（−2.02）	（−3.37）	（0.26）
Dual$_t$	0.000	0.016	0.000
	（0.01）	（1.19）	（1.03）
MB$_t$	0.015***	0.023***	0.000***
	（5.62）	（4.36）	（2.99）
Const	−0.110	−0.354*	0.023***
	（−0.71）	（−1.67）	（5.58）
Year	Yes	Yes	Yes
Ind	Yes	Yes	Yes

续表

控制变量	(1)	(2)	(3)
	$Duvol_{t+1}$	$Ncskew_{t+1}$	$Frequency_{t+1}$
Adj. R^2	0.060	0.058	0.018
N	16425	16425	16425

注：＊、＊＊、＊＊＊分别表示在10%、5%、1%的水平上显著（双尾检验）；括号内为 T 值，标准误经过公司层面的聚类调整。

资料来源：笔者整理所得。

（二）内生性问题的考虑：PSM-DID

本章的基本结果表明，受到分行业信息披露政策影响的公司在政策实施后，相比于控制组的公司，其股价崩盘风险显著降低。然而，这一结果仍然可能受到内生性问题的干扰。因为，具有某些特质或涵盖特殊业务形态的公司、行业更有可能被交易所纳入分行业信息披露政策规制的范围。这意味着受到分行业信息披露政策影响的公司与其他公司之间可能存在系统性的差异，而这一差异本身可能会影响股价崩盘风险。基于此，为了缓解选择性偏误对研究结论的干扰，本章拟利用以下两种方法进行稳健性检验：

1. 基于倾向得分匹配法下的双重差分估计（PSM-DID）

沪深交易所交错推出分行业信息披露指引，为本章使用匹配样本估计排除选择性偏差带来的干扰提供了绝佳机会。针对上海证券交易所中纳入分行业信息披露范围的公司，从深圳交易所寻找同行业、未进入分行业信息披露政策范围的公司作为匹配样本。反之，深交所中纳入分行业信息披露范围的公司，从上交所寻找对应的匹配样本。具体地，在对应交易所同行业上市公司中，用 1∶1 最邻近匹配法寻找资产规模（Size）和杠杆率（Lev）最接近的公司作为控制组样本。匹配后的样本进行回归的结果报告在表 5-8 中。从表中 TreatPost 的回归系数来看，第（1）~第（3）列均显著为负。这意味着使用 PSM-DID 方法在一定程度上控制样本选择性偏误后，本书的基本结果依然存在，即实施分行业信息披露可以显著降低上市公司的股价崩盘风险，进一步表明本章结果的稳健性。

表5-8　分行业信息披露与股价崩盘风险：PSM-DID

控制变量	(1)	(2)	(3)
	$Duvol_{t+1}$	$Ncskew_{t+1}$	$Frequency_{t+1}$
$TreatPost_t$	−0.072 *	−0.107 *	−0.006 ***
	（−1.76）	（−1.67）	（−3.12）

续表

控制变量	(1)	(2)	(3)
	Duvol$_{t+1}$	Ncskew$_{t+1}$	Frequency$_{t+1}$
Treat	0.181***	0.227***	0.006***
	(9.35)	(7.85)	(6.81)
Post$_t$	0.017	0.007	0.004**
	(0.44)	(0.11)	(2.48)
Ncskew$_t$	0.065***	0.068***	0.018
	(3.51)	(3.61)	(0.71)
Turnover$_t$	−0.038	−0.041	−0.003***
	(−1.63)	(−1.23)	(−2.87)
Sigma$_t$	−2.417***	−3.240***	−0.057**
	(−4.04)	(−3.59)	(−2.02)
Ret$_t$	9.675***	15.908***	0.166**
	(6.74)	(8.17)	(2.15)
Size$_t$	−0.004	−0.012	−0.000
	(−0.44)	(−0.91)	(−0.32)
Lev$_t$	0.047	0.073	0.001
	(0.93)	(1.02)	(0.42)
Roa$_t$	0.130	0.158	−0.007
	(0.78)	(0.66)	(−0.93)
Soe$_t$	−0.032*	−0.045*	−0.002**
	(−1.71)	(−1.67)	(−2.18)
Dual$_t$	−0.008	−0.004	0.000
	(−0.41)	(−0.13)	(0.24)
MB$_t$	0.019**	0.001	0.001*
	(2.20)	(0.17)	(1.67)
Const	−0.126	−0.041	0.022*
	(−0.58)	(−0.14)	(1.95)
Year	Yes	Yes	Yes
Ind	Yes	Yes	Yes
Adj. R^2	0.085	0.073	0.043
N	3496	3496	3496

注：*、**、***分别表示在10%、5%、1%的水平上显著（双尾检验）；括号内为 T 值，标准误经过公司层面的聚类调整。

资料来源：笔者整理所得。

2. 内生性问题考虑：安慰剂检验

参考蔡春等（2019）、黄俊威和龚光明（2019）的做法，将 2009~2018 年首次受到分行业信息披露政策影响的公司样本年度分别向前平推 2 年、3 年设置处理组变量，使用虚拟的分行业政策实施时间进行安慰剂检验。如果基本结论是由于处理组公司和控制组公司之间本身的固有差异所导致，那么即使在虚拟的分行业信息披露政策下也应该得到和前文一致的结果。反之，如果结果并非由于处理组和控制组公司之间的差异导致，那么在虚拟的分行业信息披露政策下结果并不显著。

表 5-9 报告了安慰剂检验的结果，可以发现，无论是向前平推 2 年或是 3 年虚拟得到的政策实施变量 TreatPost_{t-2}、TreatPost_{t-3} 系数均不显著。这些结果表明，在分行业信息披露政策正式实施之前，处理组公司和控制组公司之间的固有差异不会影响基本结论，进一步表明结果的稳健性。

表 5-9　分行业信息披露与股价崩盘风险：安慰剂检验

控制变量	（1）	（2）	（3）	（4）	（5）	（6）
	Duvol_{t+1}	Ncskew_{t+1}	Frequency_{t+1}	Duvol_{t+1}	Ncskew_{t+1}	Frequency_{t+1}
TreatPost_{t-2}	-0.021	-0.022	-0.000			
	(-1.57)	(-1.06)	(-0.55)			
TreatPost_{t-3}				0.007	0.021	0.001
				(0.53)	(1.00)	(1.50)
Treat	0.078***	0.106***	0.002***	0.093***	0.128***	0.003***
	(6.48)	(5.56)	(5.79)	(8.26)	(7.28)	(7.35)
Ncskew_t	0.072***	0.067***	0.027***	0.072***	0.067***	0.026***
	(8.88)	(7.87)	(3.33)	(8.86)	(7.87)	(3.30)
Turnover_t	-0.027***	-0.041**	-0.001***	-0.026***	-0.040**	-0.001***
	(-2.68)	(-2.54)	(-4.23)	(-2.64)	(-2.50)	(-4.18)
Sigma_t	-1.283***	-1.832***	-0.035***	-1.262***	-1.798***	-0.034***
	(-4.78)	(-4.27)	(-3.90)	(-4.69)	(-4.19)	(-3.82)
Ret_t	7.428***	11.340***	0.114***	7.398***	11.288***	0.112***
	(11.96)	(11.97)	(5.27)	(11.90)	(11.92)	(5.20)
Size_t	-0.004	0.005	0.000	-0.004	0.006	0.000
	(-0.88)	(0.79)	(0.05)	(-0.84)	(0.83)	(0.09)
Lev_t	0.047*	0.059	0.000	0.048*	0.060	0.000
	(1.91)	(1.51)	(0.40)	(1.94)	(1.55)	(0.43)

续表

控制变量	（1）	（2）	（3）	（4）	（5）	（6）
	Duvol$_{t+1}$	Ncskew$_{t+1}$	Frequency$_{t+1}$	Duvol$_{t+1}$	Ncskew$_{t+1}$	Frequency$_{t+1}$
Roa$_t$	0.102	0.268*	−0.004	0.100	0.265*	−0.004
	（1.17）	（1.92）	（−1.26）	（1.14）	（1.90）	（−1.28）
Soe$_t$	−0.009	−0.033**	0.000	−0.009	−0.033**	0.000
	（−0.97）	（−2.42）	（0.97）	（−0.96）	（−2.41）	（0.98）
Dual$_t$	−0.001	0.013	0.000	−0.001	0.013	0.000
	（−0.07）	（0.88）	（0.77）	（−0.11）	（0.84）	（0.73）
MB$_t$	0.018***	0.029***	0.000***	0.019***	0.029***	0.000***
	（4.97）	（5.08）	（3.97）	（5.05）	（5.16）	（4.05）
Const	−0.162	−0.439***	0.018***	−0.191*	−0.482***	0.017***
	（−1.59）	（−2.75）	（5.33）	（−1.87）	（−3.02）	（5.08）
Year	Yes	Yes	Yes	Yes	Yes	Yes
Ind	Yes	Yes	Yes	Yes	Yes	Yes
Adj. R^2	0.061	0.059	0.019	0.061	0.059	0.019
N	16323	16323	16323	16323	16323	16323

注：*、**、***分别表示在10%、5%、1%的水平上显著（双尾检验）；括号内为T值，标准误经过公司层面的聚类调整。

资料来源：笔者整理所得。

第五节 分行业信息披露与股价崩盘风险：影响机制分析

上文的实证结果表明分行业信息披露政策的实施显著降低了企业的股价崩盘风险，本节将进一步探讨这一影响的作用机制。事实上，分行业信息披露一方面会使管理层自利主义行为更容易被发现，抑制其进行机会主义行为的能力和动机，进而从源头上降低管理层隐藏坏消息的可能性；另一方面分行业信息披露也能有效降低分析师的信息挖掘和搜寻成本，吸引更多的分析师跟踪和关注，改善信息传播和流动，降低企业内外部信息不对称。为此，以下的分析将从管理层代理成本降低和分析师关注增加两个角度出发考察分行业信息披露降低股价崩盘风险的潜在作用机制。

一、分行业信息披露与管理层代理成本

委托代理理论指出，由于管理层与股东的利益函数不一致，在面对私有收益和股东利益相冲突时，他们往往会更加关注自身利益，即会产生代理问题（Jensen 和 Meckling，1976）。而分行业信息披露政策的实施便能很好地缓解这一问题。一方面，分行业信息披露政策要求企业结合所在行业特征披露更多实质性经营信息及其指标，这在一定程度上降低了企业信息粉饰的空间，提高了企业机会主义行为的成本，降低了信息不对称；另一方面，分行业信息披露后，使投资者能更容易地发现公司关键指标与同行相比时所出现的异常，进而辨识管理层的自利性行为。通过这两个方面，共同降低管理层的代理成本，缓解股价崩盘风险。

为了验证这一影响机制，本章参考江轩宇和许年行（2015）的研究采用管理费用率衡量企业代理成本。同时还按照修正 Jones 模型（Dechow 等，1995）和收益匹配 Jones 模型（Kothari 等，2002）等方法计算了操控性应计指标，用以度量企业的信息非透明度。回归后得到的相关结果报告在表 5-10 中，可以看出 Treat-Post 的系数均显著为负。这表明分行业信息披露政策的实施显著地降低了企业的代理成本，有助于抑制企业盈余操纵行为，提升信息透明度，降低信息不对称，从而缓解股价崩盘风险。

表 5-10 分行业信息披露与股价崩盘风险：降低代理成本

控制变量	(1) Agencost	(2) Da_abs	(3) Da_absr
TreatPost	-0.007**	-0.009***	-0.009***
	(-2.018)	(-2.753)	(-3.150)
Treat	0.008***	0.001	0.001
	(3.871)	(0.513)	(0.685)
Size	-0.016***	-0.004***	-0.004***
	(-15.062)	(-4.621)	(-5.067)
Lev	-0.065***	0.042***	0.042***
	(-11.010)	(8.903)	(9.690)
Roa	-0.104***	0.057***	0.053***
	(-6.386)	(5.201)	(5.102)
Soe	-0.004**	-0.006***	-0.005***
	(-2.262)	(-3.421)	(-3.071)

续表

控制变量	(1)	(2)	(3)
	Agencost	Da_abs	Da_absr
Dual	0.002	0.000	0.001
	(1.422)	(0.160)	(0.825)
Top1	−0.000*	−0.000***	−0.000***
	(−1.924)	(−6.093)	(−5.555)
Mhd	−0.000	−0.000	−0.000
	(−0.714)	(−1.189)	(−1.015)
Boar	0.005	−0.013***	−0.011***
	(1.395)	(−3.440)	(−2.979)
Loss	0.041***	0.030***	0.024***
	(7.268)	(9.336)	(8.434)
Const	0.450***	0.180***	0.175***
	(19.668)	(8.408)	(8.699)
Year	Yes	Yes	Yes
Ind	Yes	Yes	Yes
Adj. R^2	0.282	0.113	0.107
N	14788	14963	14995

注：*、**、***分别表示在10%、5%、1%的水平上显著（双尾检验）；括号内为T值，标准误经过公司层面的聚类调整。

资料来源：笔者整理所得。

二、分行业信息披露与分析师关注

相比于普通投资者，分析师作为市场信息传播的重要中介，在降低信息不对称，改善信息环境等方面发挥了重要作用（朱红军等，2007；Kim和Zhang，2016）。特别是在个人投资者较多的新兴市场，大部分散户投资者都不具备理解财务报告信息的能力，往往需要依赖于分析师等信息中介的专业解读（Jung等，2019）。分行业信息披露政策的实施，一方面可以促使公司根据所处行业特点披露更多的行业经营关键性指标信息，另一方面能规范指标口径，提升公司与同行业其他公司间的信息可比性。这将会降低分析师的信息挖掘和搜寻成本，吸引更多的分析师跟踪和关注，进而降低信息不对称，缓解股价崩盘风险（De Franco等，2011）。

我们分别用分析师跟踪人数、分析师预测精度以及分析师预测分歧度来衡量分析师关注行为（姜付秀等，2016；赵静等，2018）。其中，Analyst 为分析师跟踪数量，Ferr 和 Fdisp 表示分析师预测精度和分析师预测分歧度，Ferr 值越大，说明分析师预测精度越低，Fdisp 值越大，说明分析师预测分歧度越大。我们借鉴已有的研究方法，将相应的回归结果列于表 5-11 中。从表 5-11 可以看出，第（1）列 TreatPost 的系数显著为正，说明在那些实施了分行业信息披露政策的公司中，分析师跟踪的人数相对较多。我们进一步考察第（2）和第（3）列分行业信息披露对分析师预测精度和预测分歧度的影响。结果显示，当上市公司实施了分行业信息披露后，跟踪该企业的分析师预测精度显著提高，预测分歧度也显著降低。这些结果表明，实施分行业信息披露的企业，可以吸引更多的分析师跟踪和关注，显著降低企业的信息不对称程度，从而缓解股价崩盘风险。

表 5-11　分行业信息披露与股价崩盘风险：增加分析师关注

控制变量	（1）	（2）	（3）
	Ln （1+Analyst）	Ferr	Fdisp
TreatPost	0.056*	-0.407**	-0.332*
	(1.830)	(-2.264)	(-1.694)
Treat	-0.047	0.104	0.098
	(-1.199)	(0.667)	(0.532)
Analyst		-0.015***	-0.017***
		(-2.767)	(-2.920)
Size	0.484***	-0.281***	0.207
	(31.291)	(-3.732)	(1.644)
Lev	-0.992***	1.283***	1.095***
	(-23.283)	(3.863)	(3.094)
Roa	1.511***	-12.145***	-12.189***
	(10.130)	(-10.949)	(-8.840)
Soe	-0.865***	0.681*	-1.056**
	(-10.096)	(1.839)	(-1.997)
Dual	-0.222***	-0.132	-0.040
	(-7.208)	(-1.062)	(-0.298)
Top1	0.070***	0.019	0.030
	(3.871)	(0.164)	(0.246)
Mhd	-0.004***	0.003	-0.003
	(-6.785)	(0.971)	(-0.695)

续表

控制变量	(1)	(2)	(3)
	Ln（1+Analyst）	Ferr	Fdisp
Boar	0.000 ***	0.000 ***	0.000 ***
	(4.888)	(3.939)	(2.618)
Loss	0.275 ***	−0.355	−0.115
	(3.359)	(−1.322)	(−0.407)
Const	−7.652 ***	9.651 ***	0.379
	(−24.738)	(6.190)	(0.145)
Year	Yes	Yes	Yes
Ind	Yes	Yes	Yes
Adj. R^2	0.378	0.088	0.035
N	13486	13443	12605

注：*、**、***分别表示在10%、5%、1%的水平上显著（双尾检验）；括号内为 T 值，标准误经过公司层面的聚类调整。

资料来源：笔者整理所得。

第六节　本章小结

近年来，深圳证券交易所和上海证券交易所为顺应信息披露监管转型的形势和要求，确立以信息披露为中心的监管理念，相继调整现行上市公司信息披露监管模式，由按辖区监管转换为分行业监管。首先，分行业监管从相类似的行业模式入手，通过行业信息披露指引的实施，使监管标准的统一更具可行性和合理性。近年来推进分行业信息披露是上市公司信息披露制度改革的重要举措，然而目前却鲜有文献关注这一改革的实施效果。其次，本章从股价崩盘的视角出发，利用沪深交易所交错发布上市公司分行业信息披露指引这一准自然实验场景，实证检验了分行业信息披露对资本市场信息环境的影响，并且进一步探讨了背后的作用机理。双重差分模型结果显示，分行业信息披露政策的实施显著降低了企业的股价崩盘风险，并且这一效果在内部控制水平较低、外部监管环境较弱的公司样本中表现得更为明显。这意味着，分行业信息披露政策与公司内外部治理机制在降低企业股价崩盘风险上具有一定的替代性。最后，本章对分行业信息披露影响股价崩盘风险的机制进行了分析，发现分行业信息披露有助于降低管理层代理成本，抑制管理层对坏消息的隐藏，同时增加分析师跟踪人数和预测精度，降低信息不对称，缓解股价崩盘风险。

从理论上来看，本章的研究丰富了信息披露、股价崩盘风险等领域的相关文献，为后续关于信息披露方式、投资者认知与股价崩盘风险的相关研究提供了很好的参考。同时，对我国资本市场信息披露制度的发展和改革也具有重要的启示意义。信息是资本市场的核心要素，信息披露制度是资本市场高质量发展的基石。不断改革完善资本市场信息披露制度，更好地服务于投资者定价决策，维护市场长期稳定健康发展，是政府部门公共受托经济责任的重要内容。本章的研究结论表明，分行业信息披露制度有助于规范上市公司信息披露，抑制管理层自利性操纵行为和隐藏坏消息的动机及能力，降低信息不对称，改善市场信息环境，缓解股价崩盘风险。因此，监管部门应继续深入推进分行业信息披露体系建设和分行业信息披露监管要求，充分考虑行业间经营模式的异质性，制定针对性强的行业实质性指标，为投资者呈现可读性更高的财务报告。与此同时，还应大力提升公司内部控制水平，完善外部监督机制，形成合力维护市场稳定。

第六章 分行业信息披露与
盈余信息含量

为了深入考察分行业信息披露与资本市场定价偏误的关系，本章进一步从信息发布的视角，探讨分行业信息披露影响资本市场定价偏误的内在机理。拟回答分行业信息披露是否能约束信息发布过程中的机会主义行为，从源头上抑制企业盈余操纵动机，进而缓解资本市场定价偏误？并在此基础上，考察企业代理问题、信息透明度等的调节效应。

第一节 问题提出

盈余信息含量是针对信息使用者而言的，是指公司所披露的盈余信息被投资者经济决策所吸收的程度，通常用盈余信息的市场反应系数来衡量（Beaver，1968）。如果公司盈余信息能改变投资者对股票未来收益的预期，使股票均衡价格发生变动，那么说明盈余信息含量较高，盈余信息对投资者决策更为有用（于忠泊等，2012）。从信息决策有用性的视角来看，盈余信息反映到投资者定价决策中依赖于两个条件：①盈余信息是可靠的，投资者愿意信赖这一信息并据此进行决策；②盈余信息能为投资者所理解和认知，通过这一信息投资者能充分理解和掌握公司的经营情况，并做出相应的经济决策（Pevzner 等，2015；姜付秀等，2016）。当公司披露的信息越能被投资者所信赖、越能为投资者所理解和认知时，信息就越能快速、全面地反映在股价中，也即信息决策有用性更强、盈余信息含量更高。而分行业信息披露正是在原有一般性信息披露的基础上，突出各行业间经营模式的异质性，强化企业对行业经营关键性信息的披露，更好地为投资者呈现公司经营的全貌，以便于其做出决策。从理论上来看，分行业信息披露政策的实施能从上述两个维度来改善投资者信息决策环境，提升盈余信息含量。一方面，分行业信息披露要求企业披露更多关于公司经营模式、实质性经营信息等具体指标，能从源头上降低企业盈余信息的操纵空间，提升信息披露的可靠性，增强投资者对盈余信息的信赖程度；另一方面，分行业信息披露强化对行业关键性指标的披露，同时规范同行业公司的信息比较口径，会有效降低分析师的信息挖掘和搜寻成本，吸引更多的分析师跟踪和关注（De Franco 等，2011）。通过分析师专业的整合和解读，能有效提升投资者对公司盈余信息的理解和吸收。正是基于这两个方面，使分行业信息披露信息能更好地服务于投资者决策。

根据上述分析，本章利用沪深交易所交错发布上市公司分行业信息披露指引这一准自然实验来构造双重差分模型，实证检验了分行业信息披露对公司盈余信息含量的影响。结果显示，分行业信息披露政策的实施显著提升了公司盈余信息的市场反应，并且这一提升效果在内部控制水平较高、外部监管环境较强的公司样本中更为明显。这说明分行业信息披露有效提高了盈余信息的决策有用性，良好的内外部治理环境为分行业信息披露政策实施效果的发挥提供了有力支撑。在此基础上，进一步检验了分行业信息披露提高盈余信息含量的作用机制。实证结果表明，分行业信息披露政策的实施能降低企业的盈余管理行为，提升盈余信息质量，增强投资者对盈余信息的信赖程度，使其更愿意依据企业发布的信息进行决策。同时，分行业信息披露的实施吸引了更多的分析师跟踪，增加了信息的传播和专业解读，使投资者对盈余信息的理解和认知得以增强，便于其更好地利用信息进行决策。此外，还从文本分析的视角出发更直接地考察了分行业信息披露对信息传递的影响，结果发现，分行业信息披露能显著提升财务报告信息可读性，这为分行业信息披露政策实施正向影响盈余信息含量这一结论提供了进一步的证据支持。

本章可能的研究贡献体现在以下三个方面：①从辖区监管转变为分行业监管是我国证券监管特别是信息披露监管制度的重大转变，本章利用交易所相继推出分行业信息披露指引这一准自然实验场景，实证检验了分行业信息披露的政策效果。事实上，近年来推进分行业信息披露是上市公司信息披露制度改革的重要举措，然而目前却鲜有文献关注这一改革的实施效果。本章从投资者信息决策有用性的视角出发对这一问题进行研究，很好地弥补了以往文献的研究不足。②现有文献主要从公司治理环境（Fan 等，2014；Pevzner 等，2015）、管理层机会主义行为（Petra，2007；朱松等，2011）、报表信息传播与解读（姜付秀等，2016）等方面考察了盈余信息含量的影响因素，却较少关注披露制度变迁对投资者信息决策环境带来的影响。近年来，文献逐步从社会责任非财务信息和关键审计事项强制披露、监管问询函出具等特定信息内容披露改革视角出发做了较好的探索，但仍鲜有考察信息披露组织模式变化对盈余信息含量、会计信息决策有用性等产生的影响。本章以分行业信息披露改革为切入点进行研究，为此提供了有益的补充。③在梳理分行业信息披露政策规定的基础上，结合文本分析的方法，从实质性信息披露的角度进行检验，发现分行业信息披露规定能显著提升财务报告信息的可读性，同时也从抑制管理层信息操纵，提升投资者信息信赖意愿和降低信息挖掘成本，吸引分析师跟踪，提升投资者对盈余信息的吸收和认知等视角，进一步检验了分行业信息披露政策实施提升盈余信息决策有用性的作用机制，为后续关于信息披露方式、投资者认知与盈余信息含量相关研究提供了很好的参考。

此外，本章的研究及其结论也具有重要的政策内涵。资本市场是一个信息市场，充分有效的信息披露是资本市场功能发挥的基础和保障。研究结论显示，分行业信息披露政策的实施能有效提升投资者对盈余信息的认知和反应，良好的内外部治理环境有助于这一效果的实现。这表明交易所现阶段推行的分行业信息披露有效提升了信息的决策有用性，为资本市场效率提升带来了积极的影响。后续在稳步推进这一工作的基础上，需要重视内外部治理环境发挥的互补作用，加强企业内部控制规范的建设，强化审计师、分析师、机构投资者等外部监督，形成合力促使分行业信息披露政策发挥更大的功效。

第二节　文献回顾与假设推导

一、盈余信息含量相关研究

向利益相关者传递公司经营相关的信息并服务于其经济决策，是财务报告编制的重要目标和使命。提升财务报告的盈余信息含量，为投资者提供更多决策支持，一直也是学术界讨论的热点话题。从现有文献来看，对企业盈余信息含量的研究主要围绕内部治理特征、外部环境和信息中介传播三个方面展开。

Petra（2007）考察了公司董事会结构对盈余信息含量的影响，发现独立董事较高的公司能很好地抑制管理层盈余操纵行为，减少信息不对称，使投资者更信赖公司的盈余信息。朱松等（2011）发现，企业慈善捐赠、社会责任履行活动等能有效改善投资者对企业的认知，修复其对企业信息披露的信任感，提高盈余信息含量。姜付秀等（2016）进一步从高管职业特征的视角出发考察了盈余信息含量的影响因素，结果发现具有财务经历的董秘所在公司盈余信息含量显著更高。这是因为，具有财务经历的董秘能更深刻地理解公司财务状况和经营信息等内容，同时也能很好地理解分析师和投资者等信息需求者的诉求，进而更好地充当信息传递桥梁，确保披露和解释的专业性、完整性，使盈余信息含量得以提升。

从外部环境来看，Pevzner 等（2015）研究发现，良好的社会信任环境能有效降低管理层的机会主义行为，向投资者传递出盈余信息更为可信的信号，盈余反应系数随之提高。Fan 等（2014）利用中国反腐制度背景考察了地区腐败环境、政治关联等对盈余信息含量的影响，发现在腐败较为严重的地区具有政治关联的企业信息披露质量较差，反腐败后投资者对政治关联较强企业会计信息的认可度明显提升，市场反应更为强烈。吕兆德和宿增睿（2016）以会计准则国际趋同为背景，考察了公允价值的使用对盈余信息含量的影响，发现公允价值计量加剧了企业盈余的波动，给投资者对企业信息的理解造成了障碍，导致市场对盈余信息的反应程度下降。

媒体是信息传播的重要中介，于忠泊等（2012）研究发现，媒体的关注能加速信息流动，使投资者更全面地把握公司经营相关情况，进而更好地分析和理解盈余信息背后的价值内涵，促使盈余信息更快更好地反映到股价中。然而，过度的媒体关注和曝光也有可能会给企业带来额外的成本，促使企业向下操纵盈余以降低热度，最终导致盈余信息含量下降。叶青等（2012）研究发现登上"富豪榜"的公司为了避免媒体和公众对企业家"原罪"问题的负面反馈导致政治成本上升，他们倾向于向下操纵盈余以保持"低调"，导致上榜公司的盈余反应系数显著低于同时期其他公司。此外，分析师也是资本市场中信息传递的重要桥梁，通过挖掘、整合和解读公司财务报告相关信息，使投资者更好地了解公司经营相关情况（Chang 等，2006）。De Franco 等（2011）指出，特别是当公司财务报告可读性较高时，会吸引更多的分析师关注，同时年报中的盈余信息也能更准确地被分析师所吸收并通过分析报告传递给广大投资者，盈余信息反映在股价中的速度和程度都会显著提高。

从上述关于盈余信息含量的文献来看，主要集中于公司内外部治理环境、管理层机会主义行为、市场中介信息传播和解读等方面，关于信息披露制度变迁对投资者决策环境影响的研究仍然较少。近年来，文献结合制度实践逐步从社会责任等非财务信息（Liu 和 Tian，2021；田利辉和王可第，2017）和新审计报告中关键审计事项的强制披露（Zhai 等，2021；王木之和李丹，2019）、监管问询函出具（陈运森等，2018）等方面进行了较好的探索，但大多是基于特定信息披露内容展开的，而鲜有考察信息披露组织模式变化对盈余信息含量、会计信息决策有用性等产生的影响。事实上，信息披露模式变迁涉及信息编制和列报的诸多方面，可能会对信息流从生成、传递到呈现的全过程产生系统性的影响。从某种意义上来看，这种披露组织模式的变化对投资者决策信息环境的影响可能比传统的经济因素更为重要和深远。基于此，本章以交易所发布上市公司分行业信息披露指引为切入点，深入研究分行业信息披露对企业盈余信息含量的影响，以弥补现有文献的不足，同时为信息披露制度改革提供理论支持。

二、假设推导

在资本市场中，投资者根据公司披露的信息进行定价决策，市场通过价格信号引导资源配置。因此，信息是资源流动的基础，充分有效的信息披露是实现要素资源高效配置的保障。关于如何更好地披露信息，服务于信息使用者的经济决策，继而提高市场的运行效率也一直是理论界和实务界关注的焦点问题（Tan等，2019；姜付秀等，2016）。事实上，信息决策的有用性或盈余信息含量取决于投资者信赖公司信息披露的意愿和理解公司所披露信息的能力，是信息可靠性和可理解性的交集。当公司披露的信息越能被投资者所信赖，同时越能为投资者所理解和认知时，信息就越能快速、全面地反映在股价中，也即信息决策有用性更强、盈余信息含量更高（Fan等，2014；Pevzner等，2015）。而分行业信息披露正是在原有一般性信息披露的基础上，突出各行业间经营模式的异质性，强化企业对行业经营关键性信息的披露，更好地为投资者呈现公司经营的全貌，以便于其做出决策。从理论上来看，分行业信息披露能抑制企业信息操纵行为，提升投资者对信息的信赖程度和吸引分析师关注，增加信息的传播和专业解读，促进盈余信息含量的提升。具体体现在以下两个方面：

（1）抑制管理层机会主义操纵行为，提升信息披露的可靠性，增强投资者对盈余信息的信赖程度。委托代理理论指出，由于经理人与所有者利益函数的不一致，在面对私有利益和股东利益相冲突时，他们会更为关注自身私有收益。出于薪酬契约、职业生涯、声誉和商业帝国构建等个人私利目的，经理人往往有强烈的动机去操纵会计信息披露，最终导致信息披露质量下降，投资者难以从中获得更多决策有用信息（赵静等，2018）。事实上，分行业信息披露的实施能很好地缓解这一问题。一方面，分行业信息披露指引要求企业披露更多的关于公司经营模式、实质性经营相关信息，能增强信息透明度，从源头上降低企业盈余信息的操纵空间（陈俊和张传明，2010）；另一方面，分行业信息披露需要企业披露更多行业经营关键性指标，这些信息具有明显的溢出效应，外部投资者通过同行业横向对比，很容易知悉企业信息的异常变动，进而增加企业操纵信息被发现的可能，能很好地抑制管理层操纵盈余信息的主观动机。因此，分行业信息披露能从减少管理层主观操纵动机和客观操纵空间两方面抑制管理层机会主义行为，增强盈余信息的可信赖程度，使信息更全面地反映到投资者的决策中。

（2）吸引分析师关注，增加信息的传播和专业解读，提升投资者对盈余信息的理解和认知。充分知悉并理解信息传递的价值内涵，是投资者根据信息进行定价的前提。然而，财务报告等相关信息通常含有较多的专业术语，对阅读者的财务知识水平具有一定的要求。事实上，特别是在个人投资者较多的新兴市场，大部分散户投资者都不具备理解财务报告信息的能力，往往需要依赖于分析师等信息中介的专业解读（Ayres 等，2019；Jung 等，2019）。分析师报告已经成为投资者理解公司信息，进行投资决策的判断标准。分行业信息披露政策的实施，一方面促使公司根据所处行业特点披露更多的行业经营关键性指标信息，另一方面能规范指标口径，提升公司与同行业其他公司间的信息可比性。这将会降低分析师的信息挖掘和搜寻成本，吸引更多的分析师跟踪和关注（De Franco 等，2011）。通过分析师专业的整合和解读，能有效提升投资者对公司盈余信息的吸收和理解程度，使盈余信息更全面地反映到投资者的决策中（Chang 等，2006；姜付秀等，2016）。

综上所述，分行业信息披露一方面能抑制管理层的机会主义操纵行为，从源头上提升盈余信息质量，增强投资者对盈余信息的信赖程度；另一方面也能吸引更多的分析师关注，使公司的盈余信息被充分解读和有效传播，便于投资者对盈余信息的吸收。继而，通过这两个方面促使投资者更好地利用盈余信息进行决策，提升盈余信息的价值相关性。基于此，本章提出以下假设：

H1：分行业信息披露政策的实施有助于提升公司盈余信息含量

上文的分析表明，分行业信息披露政策的实施有助于改善公司信息披露和传播，提升盈余信息的决策有用性。然而，这一效果的实现与企业对分行业信息披露政策的遵循与执行紧密相关。换句话说，在分行业信息披露政策执行更好的公司中，盈余信息含量提升的效果可能更为明显。分行业信息披露要求企业呈报更多关于行业经营的实质性信息，可能涉及诸多行业知识和职业判断，对公司信息生成过程具有较高的要求。事实上，诸多文献指出，内部控制作为企业内部治理的一项重要制度安排，在规范管理层信息披露、制度遵循等方面发挥着重要的作用（张会丽和吴有红，2014）。高质量的内部控制通过科学的设计和执行一系列约束机制，保障信息披露的真实、可靠和合规。此外，内部控制还特别关注信息的传递与沟通，这些都是企业正确理解并执行分行业信息披露政策的关键要素。简而言之，高质量的内部控制能通过有效的信息沟通和科学的机制设计，促使企业更好地理解和执行分行业信息披露政策，进而实现政策制定的初衷。这意味着，分行业信息披露政策对盈余信息含量的提升作用在内部控制水平更高的公司中更为明显。

值得指出的是，在理论上除了政策执行能力的影响外，还存在企业提升空间影响的可能性，也即分行业信息披露对盈余信息含量的提升效应在原有盈余信含量表现较差的企业中可能更为明显。保证呈报信息的稳健、可靠是内部控制的核心目标之一，高质量的内部控制能有效抑制管理层信息操纵行为，提升信息披露质量，改善信息环境（Doyle 等，2007；方红星和金玉娜，2011）。事实上，已有较多文献发现在内部控制较好的企业中，应计盈余管理更少，会计信息质量也更高。反过来，当公司内部控制质量较低时，企业盈余信息含量可能更低，此时分行业信息披露对盈余信息含量的提升空间也更大。因而，从提升空间上来看，分行业信息披露政策对盈余信息含量的提升效应在内部控制水平更低的公司中可能更为明显。

基于上述两个方面的分析，本章分别从高质量内部控制与公司分行业信息披露政策的有效执行和低质量内部控制与盈余信息含量提升空间两个方面出发，提出以下假设：

H2a：企业内部控制水平越高，分行业信息披露政策对盈余信息含量的提升作用越明显

H2b：企业内部控制水平越低，分行业信息披露政策对盈余信息含量的提升作用越明显

除上述公司内部治理特征外，分行业信息披露政策对企业盈余信息含量的影响在不同外部治理环境中也有可能表现出异质性。Francis 和 Wang（2008）研究认为，一国或地区外部治理环境会对企业的信息披露、内部治理风格等产生系统性的影响。在外部治理环境较好、投资者保护力度较大的地区，公司信息披露质量较高、管理层舞弊的可能性较小（李延喜等，2012）。完善的投资者法律保护能有效约束管理层的机会主义行为，促使其更好地遵守和执行会计信息披露规则（王化成等，2014）。除此之外，作为企业外部治理力量的重要组成部分——审计师，对企业信息最终的编报和发布具有直接的影响。高质量的外部审计能有效地发现并纠正企业在信息呈报中的诸多查错，促使企业更好地按照相应披露制度列报相关信息，服务于投资者决策（Callen 和 Fang，2015；蔡春等，2019）。不仅如此，机构投资者作为专业的投资者，对政策、准则等规定的认知更为清晰，较高的机构投资者持股有助于促使企业遵照监管要求进行适当披露（梁上坤，2018）。H1 分析认为，分行业信息披露会有效增加盈余信息含量，提升信息的决策有用性。而外部监管环境能有效地规范和促进企业对分行业信息披露政策的执行，进而使这一政策更好地发挥其功效。换句话说，当外部治理环境越好时，分行业信息披露对盈余信息含量的提升作用效果越明显。

另外，分行业信息披露政策对盈余信息含量的提升效应可能受公司盈余信息含量自身提升空间的影响。当外部治理环境较好、监督机制较为完善时，公司披露较为规范，原有的盈余信息含量可能较高。反过来，当公司外部治理环境较

差、监督力量不足时，企业盈余信息含量可能较低，此时分行业信息披露政策提升盈余信息含量的空间也较大。因而，从提升空间上来看，分行业信息披露政策对盈余信息含量的提升效应在公司外部监管环境较差时可能更为明显。

基于上述两个方面的分析，本章分别从健全的外部监督机制与公司分行业信息披露政策的有效执行和较弱的外部监管力量与盈余信息含量提升空间两个方面出发，本章提出以下假设：

H3a：企业外部监管环境越好，分行业信息披露政策对盈余信息含量的提升作用越明显

H3b：企业外部监管环境越差，分行业信息披露政策对盈余信息含量的提升作用越明显

第三节　研究设计

一、样本选取与数据来源

（一）上市公司数据

本章选取 2009~2018 年中国沪深 A 股上市公司作为研究样本。具体地，由于我国从 2007 年开始执行新会计准则，而 2008 年受金融危机影响股票市场出现了较大波动，基于数据可比性和排除极端值波动效应的影响，以 2009 年为样本选择的起点。上市公司数据主要来源于国泰安（CSMAR）和万得（Wind）数据库，其中包括上市公司财务报表数据、公司高管数据以及上市公司企业性质等信息，同时考虑金融行业的特殊性，剔除行业分类属于金融、保险业的公司以及数据缺失的样本。

（二）分行业信息披露相关数据

首先，根据上海证券交易所和深圳证券交易所官方网站公告，手工梳理出行业信息披露指引相关文件（见上文关于分行业信息披露相关内容的介绍）；其次，根据文件具体内容，界定影响的板块、行业以及开始的时间；最后，根据上市公司所处行业、主营业务范围等信息识别政策处理组和控制组样本。

二、模型与变量说明

本章旨在研究分行业信息披露对盈余信息含量的影响，参考姜付秀等（2016）的做法，分两步进行：①利用盈余—市场反应模型检验盈余指标是否具有信息含

量；②考察分行业信息披露对盈余信息含量的影响。

$$CAR_{i,t} = \alpha + \beta_1 NI_{i,t} + \varepsilon_{it} \qquad (6-1)$$

其中，CAR 表示公司 i 在第 t 年度的累计超额报酬率，NI 表示公司的盈余水平。

进一步地，考察分行业信息披露对盈余信息含量的影响，加入关键变量与盈余水平变量的交互项（姜付秀等，2016）。同时，考虑公司层面的相关控制变量，将模型（6-1）变形为模型（6-2）：

$$CAR_{i,t} = \alpha + \beta_1 NI_{i,t} \times X_{i,t} + \beta_2 NI_{i,t} + \beta_3 X_{i,t} + \beta_4 NI_{i,t} \times Controls_{i,t} + \beta_5 Controls_{i,t} +$$
$$YEAR + FIRM + \varepsilon_{it} \qquad (6-2)$$

其中，X 表示关注变量，Controls 表示控制变量，YEAR 和 FIRM 分别表示年份和公司个体固定效应。NI 与 X 变量交互项的系数 β_1 测度了 X 指标对盈余信息含量的影响。

分行业信息披露如何影响盈余信息含量是本章研究的主要问题。因此，分行业信息披露是模型（6-2）中的关注变量 X。由上文的分析可知，沪深交易所分批交错实施的行业信息披露指引为本章提供了一个错层的准自然实验场景。参考 Chen 等（2012）和赵静等（2018）的做法，在模型（6-2）的基础上构建以下双重差分模型：

$$CAR_{i,t} = \alpha + \beta_1 NI_{i,t} \times TreatPost_{i,t} + \beta_2 NI_{i,t} + \beta_3 TreatPost_{i,t} +$$
$$\beta_6 NI_{i,t} \times Controls_{i,t} + \beta_7 Controls_{i,t} + YEAR + FIRM + \varepsilon_{it} \qquad (6-3)$$

其中，Treat 表示公司是否受到沪深交易所分行业信息披露政策的影响，受政策影响的公司取值为 1，未受政策影响的取值为 0；Post 表示政策实施时间的前后，实施前取值为 0，实施后取值为 1。Controls 表示控制变量，包括公司规模（Size）、杠杆率（Lev）、账面市值比（MB）、企业性质（Soe）、股权集中度（Top1）、是否亏损（Loss）等变量，为消除极端值的影响，模型中的连续变量均按照 1% 与 99% 百分位进行缩尾处理。具体的变量定义如表 6-1 所示。

表 6-1　变量定义和说明

变量名称	变量符号	变量描述
累计超额收益	CAR	公司第 t 年 4 月至 t+1 年 5 月经过市场调整的累计超额收益率（姜付秀等，2016）
是否分行业信息披露	Treat	公司 i 是否需要遵循分行业信息披露指引，若遵循则为 1，否则为 0
分行业信息披露实施时间	Post	分行业信息披露指引实施的时间前后，之前为 0，之后为 1
盈余水平	NI	净利润/年初权益市场价值（姜付秀等，2016；Fan 和 Wong，2002）

续表

变量名称	变量符号	变量描述
公司规模	Size	公司总资产的对数
负债率	Lev	公司资产负债率
账面市值比	MB	总资产／（年末流通市值+非流通股占净资产的金额+负债合计）
企业性质	Soe	如果实际控制人为国有控股，那么为国有企业，取值为1；否则为0
第一大股东持股	Top1	第一大股东持股比例
是否亏损	Loss	如果公司净利润为负，那么取值为1，否则取值为0
年份	Year	年份虚拟变量
企业	Firm	企业虚拟变量

资料来源：笔者整理所得。

三、描述性统计

表6-2汇报了主要变量的描述性统计结果。从表中可以看出，Treat和Post变量的均值分别为0.362、0.145，表明样本期间内共有36.2%的公司需要按照交易所发布的分行业信息披露指引规定进行信息披露，14.5%的样本为按照行业信息披露指引报告之后的样本年度。CAR的均值为0.135，中位数为−0.041，标准差为0.576，呈现出一定的偏态分布。公司规模（Size）、负债率（Lev）等控制变量的分布结果均与以往文献较为类似。

表6-2 描述性统计

变量	均值	中位数	标准差	最小值	最大值
Post	0.145	0.000	0.352	0.000	1.000
Treat	0.362	0.000	0.480	0.000	1.000
CAR	0.135	−0.041	0.576	−0.546	2.585
NI	0.059	0.070	0.136	−0.829	0.326
Size	22.024	21.851	1.293	19.536	26.002
Lev	0.428	0.419	0.213	0.0474	0.901
MB	0.600	0.601	0.239	0.107	1.108
Top1	35.151	33.233	15.016	8.770	74.981
Loss	0.089	0.000	0.285	0.000	1.000
Soe	0.386	0.000	0.487	0.000	1.000

第四节 分行业信息披露与盈余信息含量实证结果分析

一、分行业信息披露与盈余信息含量：基本结果

为了检验分行业信息披露对盈余信息含量的影响，按照模型（6-1）~模型（6-3）进行回归，结果如表6-3所示。其中，第（1）列为盈余—市场反应模型的回归结果，第（2）列进一步加入了公司层面的控制变量，第（1）列和第（2）列是为了验证盈余信息含量存在性。第（3）列为采用固定效应的双重差分模型回归结果。从表中可以看出，第（1）列和第（2）列中盈余水平（NI）变量的系数均显著为正，这表明企业的盈余具有信息含量，能被投资者吸收并反映到股价中。在确认盈余信息含量存在后，第（3）列进一步采用双重差分模型检验分行业信息披露政策实施对盈余信息含量的影响。结果显示，NI×TreatPost 交互项系数在5%显著性水平下显著为正，表明分行业信息披露政策的实施能显著提升盈余反应系数，增强股票价格中的盈余信息含量，验证了本章H1的推论。

表6-3 分行业信息披露与盈余信息含量：基本结果

控制变量	(1)	(2)	(3)
	CAR	CAR	CAR
NI	0.318***	1.596***	1.766***
	(12.87)	(2.70)	(2.94)
NI×TreatPost			0.121**
			(2.25)
TreatPost			0.039***
			(3.60)
Size		−0.089***	−0.087***
		(−9.23)	(−9.03)
NI×Size		−0.055*	−0.065**
		(−1.82)	(−2.11)
Lev		0.228***	0.231***
		(7.37)	(7.46)

续表

控制变量	(1)	(2)	(3)
	CAR	CAR	CAR
NI×Lev		−0.161	−0.140
		(−1.41)	(−1.22)
MB		−0.337***	−0.347***
		(−11.51)	(−11.71)
NI×MB		0.534***	0.547***
		(3.59)	(3.68)
Soe		−0.030	−0.030
		(−1.26)	(−1.25)
NI×Soe		−0.186***	−0.177***
		(−3.33)	(−3.15)
Top1		0.002***	0.002***
		(3.81)	(3.69)
NI×Top1		0.003*	0.003*
		(1.65)	(1.66)
Loss		−0.027*	−0.027*
		(−1.88)	(−1.93)
NI×Loss		−0.369***	−0.378***
		(−3.92)	(−4.01)
Intercept	0.504***	2.444***	2.408***
	(7.60)	(11.37)	(11.21)
Year	Yes	Yes	Yes
Firm FE	Yes	Yes	Yes
Adj. R^2	0.521	0.536	0.536
N	24663	24663	24663

注：*、**、***分别表示在10%、5%、1%的水平上显著（双尾检验）；括号内为 T 值，标准误经过公司层面的聚类调整。

资料来源：笔者整理所得。

二、分行业信息披露与盈余信息含量：内部控制

高质量的内部控制能通过有效的信息沟通和科学的机制设计，促使企业更好

地理解和执行分行业信息披露政策，进而实现政策的初衷。因此，一方面，H2a 预期分行业信息披露政策对盈余信息含量的提升作用在内部控制水平较高的公司中更为明显。另一方面，从提升空间来看，低质量的内部治理水平也可能意味着企业盈余信息含量本身表现较差，因而 H2b 预期内部控制水平越低时，分行业信息披露政策实施对盈余信息含量提升的作用越大。为了验证这一假设，本章参考张会丽和吴有红（2014）等的研究，采用迪博（DIB）内部控制指数的对数值衡量企业内部控制水平，根据该指数的中位数（均值）将样本分为内部控制水平较高和较低两组分别进行回归，得到的结果报告在表 6-4 中。第（1）～第（2）列为使用均值区分的回归，第（3）～第（4）列为使用中位数区分的回归。可以发现，表中 NI×TreatPost 交互项系数均为正，但仅在内部控制水平较高的组别中显著，这表明分行业信息披露政策对盈余信息含量的提升作用主要体现在内部控制较好的公司样本中，也即良好的内部治理环境为分行业信息披露政策实施效果的发挥提供了有力支撑，H2a 得到验证。

表 6-4　分行业信息披露与盈余信息含量：内部控制

控制变量	（1）	（2）	（3）	（4）
	内控高于均值	内控低于均值	内控高于中位数	内控低于中位数
	CAR	CAR	CAR	CAR
NI	6.462***	0.524	3.799***	−0.543
	（3.83）	（0.76）	（3.20）	（−0.67）
NI×TreatPost	0.434**	0.024	0.251**	0.038
	（2.45）	（0.41）	（1.99）	（0.52）
TreatPost	0.024	0.050***	0.038**	0.063**
	（1.11）	（3.10）	（2.52）	（2.48）
Size	−0.083***	−0.050***	−0.082***	−0.022
	（−4.43）	（−3.88）	（−6.25）	（−1.20）
NI×Size	−0.325***	−0.007	−0.180***	0.048
	（−3.74）	（−0.19）	（−2.96）	（1.17）
Lev	0.242***	0.161***	0.288***	0.128**
	（3.71）	（4.02）	（6.42）	（2.16）
NI×Lev	0.598	−0.142	0.078	−0.234
	（1.52）	（−1.10）	（0.31）	（−1.53）
MB	−0.496***	−0.357***	−0.440***	−0.442***
	（−8.60）	（−8.33）	（−10.73）	（−6.69）

续表

控制变量	（1） 内控高于均值 CAR	（2） 内控低于均值 CAR	（3） 内控高于中位数 CAR	（4） 内控低于中位数 CAR
NI×MB	1.094 ***	0.406 **	0.957 ***	0.096
	(2.67)	(2.32)	(3.26)	(0.46)
Soe	−0.064	−0.046	−0.072 **	−0.037
	(−1.51)	(−1.47)	(−2.22)	(−0.78)
NI×Soe	0.078	−0.119 *	−0.171	−0.090
	(0.44)	(−1.88)	(−1.39)	(−1.22)
Top1	0.002 **	0.002 ***	0.002 ***	0.002 *
	(2.56)	(2.63)	(3.05)	(1.85)
NI×Top1	0.004	0.000	0.004	−0.000
	(0.78)	(0.12)	(1.04)	(−0.07)
Loss	0.036	−0.021	0.026	−0.052 **
	(0.74)	(−1.27)	(0.89)	(−2.38)
NI×Loss	−0.070	−0.242 *	−0.157	−0.199
	(−0.29)	(−1.82)	(−0.94)	(−1.14)
Intercept	2.273 ***	1.741 ***	2.283 ***	1.199 ***
	(5.50)	(6.14)	(7.64)	(3.04)
Year	Yes	Yes	Yes	Yes
Firm FE	Yes	Yes	Yes	Yes
经验 P 值	0.000 ***		0.010 ***	
Adj. R^2	0.579	0.583	0.580	0.580
N	16492	6229	11619	11102

注：*、**、***分别表示在10%、5%、1%的水平上显著（双尾检验）；括号内为 T 值，标准误经过公司层面的聚类调整。

资料来源：笔者整理所得。

三、分行业信息披露与盈余信息含量：外部监督

外部监督环境也是规范管理层行为，促使企业遵守和执行规则的重要力量。因此，H3a 预期分行业信息披露政策对盈余信息含量的提升作用在外部监管环境较好的公司中更为明显。然而，从提升空间的视角来看，外部监督环境较差可能意味着企业原本盈余信息含量较低，也即提升空间较大，因而 H3b 预期外部监

督环境越差时，分行业信息披露政策实施对盈余信息含量提升的作用越大。为了验证这一假设，本章从以下三个方面来衡量外部监督环境：①参考王化成等（2014）的做法，采用樊纲等编制的法律制度环境指数进行度量，法律环境指数越高意味着地区法制环境越好，企业对规则、制度的遵循程度越高。②参考孟庆斌等（2019）的做法，从外部审计师的角度进行衡量，按照中注协事务所排名前"十大"与"非十大"的标准进行划分。高质量的外部审计能有效地发现并纠正企业在信息呈报中的诸多差错，促使企业更好地按照相应披露制度列报相关信息（Francis 和 Wang，2008）。③参考梁上坤（2018）等的做法，采用机构投资者持股比例来反映外部监管环境强弱。按照上述三种分组标准得到的回归结果报告在表 6-5 中。第（1）~第（2）列表示法律环境好差的分组回归结果；第（3）~第（4）列表示"十大"与"非十大"的分组回归结果；第（5）~第（6）列表示机构投资者持股比例高低的分组回归结果。可以看出，NI×TreatPost 交互项系数均为正，但仅在法制环境好地区、报表经由前十大会计师事务所审计和机构投资者持股高的公司中显著。这些结果说明，分行业信息披露对盈余信息含量的提升作用主要体现在外部监督环境较好的公司样本中，也即 H3a 得到验证。

表 6-5　分行业信息披露与盈余信息含量：外部监督

控制变量	(1)	(2)	(3)	(4)	(5)	(6)
	法制环境好	法制环境差	十大审计	非十大审计	机构持股高	机构持股低
	CAR	CAR	CAR	CAR	CAR	CAR
NI	2.427***	1.295	2.034**	1.712*	4.626***	-0.596
	(3.01)	(1.41)	(2.06)	(1.74)	(3.72)	(-0.79)
NI×TreatPost	0.124*	0.092	0.120*	0.125	0.286**	-0.017
	(1.90)	(1.06)	(1.66)	(1.50)	(2.46)	(-0.27)
TreatPost	0.041***	0.039**	0.055***	0.009	0.058***	0.010
	(2.98)	(2.25)	(3.43)	(0.52)	(3.20)	(0.62)
Size	-0.100***	-0.076***	-0.125***	-0.067***	-0.161***	-0.081***
	(-7.71)	(-5.01)	(-8.10)	(-4.15)	(-9.00)	(-4.72)
NI×Size	-0.098**	-0.039	-0.066	-0.070	-0.212***	0.052
	(-2.39)	(-0.82)	(-1.31)	(-1.40)	(-3.41)	(1.32)
Lev	0.225***	0.256***	0.304***	0.209***	0.349***	0.207***
	(5.29)	(5.36)	(4.86)	(4.47)	(5.59)	(4.81)
NI×Lev	0.045	-0.289*	-0.304*	-0.006	0.250	-0.063
	(0.29)	(-1.71)	(-1.74)	(-0.04)	(0.94)	(-0.46)

续表

控制变量	(1) 法制环境好 CAR	(2) 法制环境差 CAR	(3) 十大审计 CAR	(4) 非十大审计 CAR	(5) 机构持股高 CAR	(6) 机构持股低 CAR
MB	−0.366*** (−9.68)	−0.298*** (−5.95)	−0.381*** (−8.74)	−0.370*** (−8.27)	−0.536*** (−11.49)	−0.129** (−2.57)
NI×MB	0.400** (2.17)	0.661*** (2.70)	0.469* (1.95)	0.706*** (3.20)	1.096*** (4.08)	0.214 (1.17)
Soe	−0.018 (−0.51)	−0.055* (−1.67)	−0.024 (−0.46)	−0.017 (−0.54)	0.011 (0.30)	−0.000 (−0.01)
NI×Soe	−0.166** (−2.08)	−0.208** (−2.58)	−0.178* (−1.80)	−0.134* (−1.85)	−0.132 (−1.31)	−0.200*** (−2.75)
Top1	0.002*** (3.25)	0.001 (1.57)	−0.002*** (−3.29)	0.002** (2.11)	0.003*** (3.57)	0.002** (2.38)
NI×Top1	0.003 (1.07)	0.004 (1.63)	0.000 (0.10)	0.003 (1.30)	−0.004 (−0.92)	0.003 (1.13)
Loss	−0.019 (−0.91)	−0.037* (−1.96)	−0.039* (−1.85)	−0.016 (−0.80)	−0.077*** (−2.87)	−0.012 (−0.68)
NI×Loss	−0.291** (−2.28)	−0.488*** (−3.50)	−0.351** (−2.45)	−0.386*** (−2.83)	−0.498*** (−2.80)	−0.361*** (−2.75)
Intercept	2.540*** (9.17)	2.357*** (6.82)	3.145*** (9.06)	2.077*** (5.73)	3.984*** (10.07)	2.274*** (6.22)
Year	Yes	Yes	Yes	Yes	Yes	Yes
Firm FE	Yes	Yes	Yes	Yes	Yes	Yes
经验 P 值	0.050**		0.031**		0.017**	
Adj. R^2	0.537	0.539	0.540	0.535	0.539	0.548
N	16091	8572	13105	11558	12279	12384

注：*、**、***分别表示在10%、5%、1%的水平上显著（双尾检验）；括号内为 T 值，标准误经过公司层面的聚类调整。

资料来源：笔者整理所得。

四、分行业信息披露与盈余信息含量：稳健性检验

（一）平行趋势检验

双重差分模型的运用依赖于平行趋势假设的成立，也即在政策冲击发生之

前，实验组和控制组的变化趋势应该保持一致。如果这一假设不成立，那么双重差分模型的估计将带来有偏的结果。因此，为了缓解平行趋势假设的担忧，本章拟通过以下两方面的检验来考察平行趋势假设的成立与否。

（1）参考已有文献的做法（陈胜蓝和马慧，2017），选取2012年分行业信息披露政策开始实施前的数据为研究样本，比较实施分行业信息披露政策范围的公司和未进入政策范围的公司在政策实施前盈余信息含量表现上的差异。表6-6的第（1）列报告了相应的回归结果，数据显示，NI×Treat交互项系数不显著。这表明在分行业信息披露政策实施之前，处理组公司和控制组公司在盈余信息含量表现上没有显著差异。该结果在一定程度上缓解了数据不满足平行趋势假设的担忧。

（2）参考Serfling（2016）的研究，利用分时段的动态效应来考察平行趋势假设的合理性。以公司受政策影响当年为基准划分时间段，定义虚拟变量$Post_{t-1}$，进而通过观察$Post_{t-1}$与NI交互项$Cross\_4$到$Cross4$的系数变化捕捉平均处理效应的时间趋势。表6-6的第（2）列汇报了平行趋势检验的回归结果，可以发现，在分行业信息披露政策实施之前，处理组公司和控制组公司在盈余信息含量的表现上并无显著差异（$Cross\_4$到$Cross\_1$变量均不显著），而在分行业信息披露政策实施之后，处理组公司的盈余信息含量相比于控制组公司有了显著的提升（$Cross1$到$Cross4$变量均显著为正）。处理效应之前，两组样本在盈余信息含量表现上的非显著性差异在一定程度上支持了平行趋势假定的合理性，缓解了采用DID估计方法有效性的担忧。

表6-6　分行业信息披露与盈余信息含量：平行趋势检验

控制变量	（1）	（2）
	2012年之前盈余信息反应情况	分时段检验
NI×Treat	0.013	0.081
	(0.14)	(0.45)
Cross_4		0.755
		(1.49)
Cross_3		0.535
		(1.04)
Cross_2		0.375
		(0.74)
Cross_1		0.779
		(1.47)

续表

控制变量	(1)	(2)
	2012 年之前盈余信息反应情况	分时段检验
Cross1		0.858*
		(1.65)
Cross2		1.000*
		(1.96)
Cross3		0.976*
		(1.90)
Cross4		0.916*
		(1.75)
NI	1.231	
	(1.24)	
Treat	0.007	−0.011**
	(0.56)	(−2.06)
Size	−0.020***	0.000
	(−3.11)	(0.02)
NI×Size	−0.042	−0.015
	(−0.82)	(−0.63)
Lev	0.267***	0.147***
	(8.76)	(10.38)
NI×Lev	0.098	−0.014
	(0.38)	(−0.15)
MB	−0.407***	−0.315***
	(−10.70)	(−16.62)
NI×MB	0.663**	0.372***
	(2.26)	(3.22)
Soe	−0.002	−0.006
	(−0.13)	(−1.08)
NI×Soe	−0.172	−0.122***
	(−1.58)	(−2.74)
Top1	0.001*	−0.000*
	(1.73)	(−1.94)
NI×Top1	0.004	−0.003***
	(1.19)	(−2.61)

续表

控制变量	（1）	（2）
	2012 年之前盈余信息反应情况	分时段检验
Loss	0.009	−0.035***
	（0.31）	（−2.79）
NI×Loss	−0.480***	−0.429***
	（−2.95）	（−5.90）
Intercept	0.887***	0.501***
	（7.23）	（7.44）
Year	Yes	Yes
Industry	Yes	Yes
Adj. R²	0.441	0.515
N	5565	24663

注：＊、＊＊、＊＊＊分别表示在10%、5%、1%的水平上显著（双尾检验）；括号内为 T 值，标准误经过公司层面的聚类调整。

资料来源：笔者整理所得。

（二）内生性问题的考虑

本章的基本结果表明，受到分行业信息披露政策影响的公司在政策实施后，相比于控制组的公司，其盈余信息含量得到显著提升。然而，这一结果仍然可能受到内生性问题的干扰。因为，具有某些特质或涵盖特殊业务形态的公司、行业更有可能被交易所纳入分行业信息披露政策规制的范围。这意味着受到分行业信息披露政策影响的公司与其他公司之间可能存在系统性的差异，而这一差异本身可能会影响盈余信息含量。基于此，为了缓解选择性偏误对研究结论的干扰，本章拟利用以下三个方法进行稳健性检验：

（1）基于倾向得分匹配法下的双重差分估计（PSM-DID）。沪深交易所交错推出分行业信息披露指引，为本章使用匹配样本估计排除选择性偏差带来的干扰提供了绝佳机会。针对上海证券交易所中纳入分行业信息披露范围的公司，从深圳交易所寻找同行业、未进入分行业信息披露政策范围的公司作为匹配样本。反之，深交所中纳入分行业信息披露范围的公司，从上交所寻找对应的匹配样本。具体地，在对应交易所同行业上市公司中，分年度用 1∶1 最邻近匹配法寻找资产规模（Size）和杠杆率（Lev）等最接近的公司作为控制组样本。匹配后的样本进行回归的结果报告在表 6-7 中。其中，第（1）列为基于全体样本匹配后的回归结果，第（2）列为剔除创业板后匹配样本的回归结果。从表中 NI×TreatPost 交互项系数来看，第（1）和第（2）列均显著为正。这意味着使用 PSM-DID 方法在一定程度上控制样本选择性偏误后，本章的基本结果依然存在。

表6-7　分行业信息披露与盈余信息含量：PSM-DID

控制变量	(1) 全部匹配样本 CAR	(2) 剔除创业板公司 CAR
NI	1.628	-0.119
	(1.24)	(-0.09)
NI×TreatPost$_{psm}$	0.197*	0.215*
	(1.87)	(1.82)
TreatPost$_{psm}$	0.003	0.015
	(0.11)	(0.59)
Size	-0.103***	-0.051**
	(-4.27)	(-2.21)
NI×Size	-0.072	0.004
	(-1.08)	(0.05)
Lev	0.291***	0.298***
	(4.18)	(4.24)
NI×Lev	-0.044	-0.110
	(-0.16)	(-0.33)
MB	-0.384***	-0.396***
	(-5.34)	(-6.15)
NI×MB	0.651*	0.478
	(1.86)	(1.46)
Soe	0.019	0.072
	(0.36)	(1.58)
NI×Soe	-0.161	-0.102
	(-1.33)	(-0.78)
Top1	0.002	0.002
	(1.35)	(1.31)
NI×Top1	0.004	0.003
	(1.05)	(0.60)
Loss	-0.074***	-0.079***
	(-2.64)	(-2.84)
Loss×NI	-0.390*	-0.111
	(-1.95)	(-0.56)
Intercept	2.596***	1.533***
	(5.16)	(3.15)

续表

控制变量	（1）	（2）
	全部匹配样本	剔除创业板公司
	CAR	CAR
Year	Yes	Yes
Firm FE	Yes	Yes
Adj. R^2	0.533	0.575
N	6022	5096

注：＊、＊＊、＊＊＊分别表示在 10%、5%、1%的水平上显著（双尾检验）；括号内为 T 值，标准误经过公司层面的聚类调整。

资料来源：笔者整理所得。

（2）安慰剂检验。参考黄俊威和龚光明（2019）的做法，本章将 2009 ~ 2018 年首次受到分行业信息披露政策影响的公司样本年度分别向前平推 2 年、3 年设置处理组变量，使用虚拟的调入时间进行安慰剂检验。如果基本结论是由于处理组公司和控制组公司之间本身的固有差异所导致，那么即使在虚拟的分行业信息披露政策下也应该得到和前文一致的结果。

表 6-8 报告了安慰剂检验的结果，从表中可以发现，无论是向前平推 2 年或是 3 年虚拟得到的政策实施变量交互项（NI×TreatPost$_{t-2}$、NI×TreatPost$_{t-3}$）系数均不显著。这些结果表明，在分行业信息披露政策正式实施之前，处理组公司和控制组公司之间的固有差异不会影响本章的基本结论。

表 6-8　分行业信息披露与盈余信息含量：安慰剂检验

控制变量	（1）	（2）
	CAR	CAR
NI	1.646＊＊＊	1.635＊＊＊
	（2.80）	（2.77）
NI×TreatPost$_{t-2}$	0.076	
	（1.04）	
NI×TreatPost$_{t-3}$		0.029
		（0.36）
TreatPost$_{t-2}$	0.021＊	
	（1.83）	
TreatPost$_{t-3}$		0.001
		（0.10）

续表

控制变量	(1)	(2)
	CAR	CAR
Size	−0.088***	−0.089***
	(−9.07)	(−9.19)
NI×Size	−0.061**	−0.058*
	(−2.03)	(−1.94)
Lev	0.229***	0.227***
	(7.40)	(7.34)
NI×Lev	−0.137	−0.154
	(−1.20)	(−1.35)
MB	−0.344***	−0.338***
	(−11.64)	(−11.48)
NI×MB	0.546***	0.538***
	(3.66)	(3.61)
Soe	−0.005	−0.006
	(−0.27)	(−0.29)
NI×Soe	−0.171***	−0.178***
	(−3.06)	(−3.15)
Top1	0.002***	0.002***
	(3.73)	(3.82)
NI×Top1	0.003*	0.003*
	(1.79)	(1.71)
Loss	−0.027*	−0.027*
	(−1.89)	(−1.90)
NI×Loss	−0.385***	−0.378***
	(−4.00)	(−3.96)
Intercept	2.404***	2.429***
	(11.20)	(11.28)
Year	Yes	Yes
Firm FE	Yes	Yes
Adj. R^2	0.536	0.536
N	24663	24663

注：*、**、***分别表示在10%、5%、1%的水平上显著（双尾检验）；括号内为T值，标准误经过公司层面的聚类调整。

资料来源：笔者整理所得。

（3）控制变量滞后一期。为了缓解由于同期变量之间相互影响带来的内生性问题，对研究结果的干扰，本章进一步将所有控制变量滞后一期重新进行回归，得到的结果报告在表6-9中。从表中可以看出，NI×TreatPost 交互项系数仍显著为正，这表明本章的研究结论是稳健的。

表6-9　分行业信息披露与盈余信息含量：控制变量滞后一期

控制变量	（1）	（2）	（3）
	CAR	CAR	CAR
NI	0.318***	1.044*	1.227**
	(12.874)	(1.810)	(2.087)
NI×TreatPost			0.116**
			(2.072)
TreatPost			0.045***
			(3.984)
Size		−0.088***	−0.086***
		(−9.722)	(−9.461)
NI×Size		−0.041	−0.051*
		(−1.387)	(−1.711)
Lev		0.074**	0.077**
		(2.358)	(2.455)
NI×Lev		−0.414***	−0.397***
		(−3.543)	(−3.364)
MB		−0.419***	−0.429***
		(−15.246)	(−15.406)
NI×MB		0.469***	0.489***
		(3.143)	(3.274)
Soe		0.018	0.017
		(0.824)	(0.796)
NI×Soe		−0.113**	−0.106*
		(−1.972)	(−1.861)
Top1		0.004***	0.004***
		(7.036)	(6.740)
NI×Top1		0.002	0.003
		(1.428)	(1.433)

续表

控制变量	（1）	（2）	（3）
	CAR	CAR	CAR
Loss		0.054 ***	0.055 ***
		（4.202）	（4.231）
NI×Loss		0.218 ***	0.224 ***
		（3.592）	（3.678）
Intercept	0.504 ***	2.090 ***	2.053 ***
	（7.596）	（10.547）	（10.306）
Year	Yes	Yes	Yes
Firm FE	Yes	Yes	Yes
Adj. R²	0.521	0.596	0.596
N	20521	20521	20521

注：＊、＊＊、＊＊＊分别表示在10%、5%、1%的水平上显著（双尾检验）；括号内为 T 值，标准误经过公司层面的聚类调整。

资料来源：笔者整理所得。

（三）其他稳健性测试

为了使研究结论更可靠，本章也进一步考虑了指标计算方法、遗漏变量等问题对结果的影响：

（1）更换超额收益率的计算方法。前文主要使用第 t 年 4 月至 t+1 年 5 月的累计超额回报率计算 CAR。基于稳健性的考虑，参考姜付秀等（2016）的做法，按照 t 年 12 个月计算累计超额回报率。回归后得到的结果报告在表 6-10 中，从表中可以看出，NI×TreatPost 交互项系数为 0.060 且在 10% 水平上显著，说明在更换指标计算方法后，本章的结论依然保持稳健。

表 6-10　分行业信息披露与盈余信息含量：更换超额收益计算方法

控制变量	（1）	（2）	（3）
	CAR	CAR	CAR
NI	0.399 ***	1.084 *	1.503 ***
	（13.93）	（1.74）	（2.83）
NI×TreatPost			0.060 *
			（1.81）
TreatPost			0.009
			（1.33）

续表

控制变量	(1)	(2)	(3)
	CAR	CAR	CAR
Size		0.072***	0.027***
		(6.75)	(11.46)
NI×Size		−0.025	−0.051**
		(−0.79)	(−2.00)
Lev		0.089***	0.190***
		(2.59)	(13.42)
NI×Lev		−0.242**	0.092
		(−1.97)	(0.79)
MB		−1.264***	−0.706***
		(−42.35)	(−28.73)
NI×MB		0.131	0.337**
		(0.84)	(2.23)
Soe		−0.015	−0.042***
		(−0.66)	(−7.13)
NI×Soe		−0.178***	−0.152***
		(−3.11)	(−2.92)
Top1		0.003***	0.001***
		(5.93)	(4.45)
NI×Top1		0.005**	0.000
		(2.42)	(0.14)
Loss		−0.029**	−0.061***
		(−2.00)	(−4.70)
NI×Loss		−0.348***	−0.411***
		(−3.67)	(−4.81)
Intercept	1.303***	0.311	0.853***
	(14.07)	(1.29)	(13.47)
Year	Yes	Yes	Yes
Firm FE	Yes	Yes	Yes
Adj. R^2	0.531	0.590	0.552
N	24663	24663	24663

注：＊、＊＊、＊＊＊分别表示在10%、5%、1%的水平上显著（双尾检验）；括号内为 T 值，标准误经过公司层面的聚类调整。

资料来源：笔者整理所得。

（2）遗漏变量问题的考虑。已有文献指出，公司内部治理特征可能会影响企业盈余信息含量。为了增强本章结果的稳健性，缓解潜在遗漏变量问题，进一步控制独立董事占比、董事会规模、两职合一等公司内部治理变量，重新进行检验。增加控制变量的回归结果如表 6-11 所示，可以发现，在增加相关内部治理变量后，NI×TreatPost 交互项系数依然显著为正，表明本章结果具有稳健性。

表 6-11　分行业信息披露与盈余信息含量：增加控制变量

控制变量	（1） CAR	（2） CAR	（3） CAR
NI	0.318*** (12.874)	1.787*** (2.693)	1.934*** (2.899)
NI×TreatPost			0.113** (2.063)
TreatPost			0.040*** (3.673)
Size		−0.089*** (−9.110)	−0.087*** (−8.895)
NI×Size		−0.056* (−1.790)	−0.065** (−2.065)
Lev		0.230*** (7.374)	0.232*** (7.452)
NI×Lev		−0.177 (−1.475)	−0.155 (−1.288)
MB		−0.339*** (−11.364)	−0.348*** (−11.567)
NI×MB		0.541*** (3.540)	0.553*** (3.621)
Soe		−0.003 (−0.165)	−0.003 (−0.153)
NI×Soe		−0.165*** (−2.844)	−0.158*** (−2.713)

续表

控制变量	(1)	(2)	(3)
	CAR	CAR	CAR
Top1		0.002***	0.002***
		(3.818)	(3.676)
NI×Top1		0.003*	0.003*
		(1.811)	(1.833)
Loss		−0.026*	−0.027*
		(−1.830)	(−1.884)
NI×Loss		−0.372***	−0.381***
		(−3.830)	(−3.920)
Dual		0.012	0.011
		(1.099)	(1.049)
NI×Dual		0.019	0.016
		(0.318)	(0.269)
Indp		−0.151	−0.148
		(−1.566)	(−1.535)
NI×Indp		−0.005	0.013
		(−0.010)	(0.028)
Board		−0.026	−0.027
		(−0.851)	(−0.885)
NI×Board		−0.088	−0.081
		(−0.698)	(−0.640)
Intercept	0.504***	2.559***	2.523***
	(7.596)	(11.143)	(10.989)
Year	Yes	Yes	Yes
Firm FE	Yes	Yes	Yes
Adj. R^2	0.521	0.535	0.535
N	24353	24353	24353

注：*、**、***分别表示在10%、5%、1%的水平上显著（双尾检验）；括号内为 T 值，标准误经过公司层面的聚类调整。

资料来源：笔者整理所得。

第五节　分行业信息披露与盈余信息含量：机制分析

上文的实证结果表明分行业信息披露政策的实施显著提升了企业盈余信息含量，本节将进一步探讨这一影响的作用机制。事实上，从投资者接收信息到做出定价决策的过程来看，信息功效的发挥取决于投资者信赖公司信息披露的意愿和理解公司所披露信息的能力。当公司披露的信息可靠性越强，同时越容易为投资者所理解和认知时，信息就越来快速、全面地反映在股价中，也即信息决策有用性更强、盈余信息含量更高。结合上文关于分行业信息披露相关理论分析，本节拟从管理层操纵行为抑制和信息传播环境改善两个角度出发考察潜在作用机制。

一、分行业信息披露与管理层盈余信息操纵

盈余信息的可信赖性是投资者愿意据以决策的前提。由于代理问题的存在，为了获得更多私有收益，公司经理人往往有强烈的动机去操纵会计信息披露，最终导致信息披露质量下降，信息决策的功效难以发挥。而分行业信息披露要求企业披露更多关于公司经营模式、实质性经营信息等具体指标，能从源头上降低企业盈余信息的操纵空间，增加企业操纵信息被发现的可能，进而抑制管理层盈余信息的操纵行为，增强投资者对盈余信息的信赖程度，使信息更全面地反映到投资者的决策中。

为了验证这一影响机制，本章进一步实证检验了分行业信息披露对企业盈余信息操控的影响。基于稳健性的考虑，分别按照修正 Jones 模型（Dechow 等，1995）、收益匹配 Jones 模型（Kothari 等，2005）和非线性 Jones 模型（Ball 和 Shivakumar，2006）等方法计算了操控性应计指标，取其绝对值分别记作 Abs_Daccx、Abs_Daccr 和 Abs_Daccnl。回归后得到的相关结果报告在表 6-12 中，可以看出 TreatPost 的系数均显著为负。这表明分行业信息披露政策的实施有助于抑制企业盈余操纵行为，提升盈余信息的可信赖程度，验证了本章的预期。

表 6-12　分行业信息披露与盈余信息操纵

控制变量	（1）	（2）	（3）
	Abs_Daccx	Abs_Daccr	Abs_Daccnl
TreatPost	-0.017^{***}	-0.016^{***}	-0.017^{***}
	(-2.903)	(-2.648)	(-2.999)

续表

控制变量	(1)	(2)	(3)
	Abs_Daccx	Abs_Daccr	Abs_Daccnl
Size	0.047*	0.047*	0.047*
	(1.834)	(1.851)	(1.820)
Lev	0.056**	0.058**	0.052**
	(2.396)	(2.432)	(2.455)
Roa	−0.012	−0.004	−0.018
	(−0.336)	(−0.115)	(−0.505)
Tobin	0.006	0.005	0.005
	(1.630)	(1.503)	(1.463)
Listage	−0.050**	−0.050**	−0.046**
	(−2.289)	(−2.288)	(−2.140)
Boar	−0.018	−0.018	−0.019
	(−1.366)	(−1.336)	(−1.456)
Indep	−0.035	−0.044	−0.039
	(−1.141)	(−1.408)	(−1.301)
Dual	0.003	0.003	0.003
	(0.748)	(0.624)	(0.822)
Soe	−0.018**	−0.015*	−0.013
	(−2.014)	(−1.736)	(−1.529)
Analyst	−0.017**	−0.016**	−0.017**
	(−2.341)	(−2.301)	(−2.366)
Intercept	−0.859*	−0.855*	−0.851*
	(−1.730)	(−1.758)	(−1.714)
Year	Yes	Yes	Yes
Firm FE	Yes	Yes	Yes
Adj. R^2	0.019	0.018	0.019
N	22635	22587	22587

注：*、**、***分别表示在10%、5%、1%的水平上显著（双尾检验）；括号内为T值，标准误经过公司层面的聚类调整。

资料来源：笔者整理所得。

除文献中通常用于度量盈余信息质量的应计盈余管理外，真实盈余管理也有可能成为管理层操纵盈余信息的手段。为了更全面地考察分行业信息披露对管理层盈余操纵行为的影响，本章也尝试检验了分行业信息披露政策实施对企业真实盈余管理的影响。参考 Roychowdury 等（2006）、谢德仁和廖珂（2018）等的做法，计算真实盈余管理指标并进行相关回归，结果报告在表 6-13 中。整体来看，分行业信息披露也能在一定程度上抑制企业真实盈余管理，且主要体现在异常生产成本方面。这些发现进一步验证了分行业信息披露政策实施能有效降低管理层的信息操纵行为。

表 6-13　分行业信息披露与真实盈余管理

控制变量	（1）	（2）	（3）	（4）
	RM_CFO	RM_PROD	RM_DISEXP	RM
TreatPost	0.002	−0.005*	0.001	−0.009*
	（0.904）	（−1.718）	（0.493）	（−1.701）
Size	−0.005*	0.012***	−0.004**	0.022***
	（−1.863）	（2.975）	（−2.064）	（3.236）
Lev	0.009	0.042***	0.002	0.026
	（1.199）	（4.398）	（0.357）	（1.326）
Roa	0.248***	−0.359***	−0.011	−0.594***
	（15.422）	（−18.421）	（−0.928）	（−15.494）
MB	−0.026***	0.041***	−0.006*	0.076***
	（−5.015）	（5.658）	（−1.723）	（5.927）
Listage	0.015**	−0.022***	0.015***	−0.051***
	（2.257）	（−3.378）	（4.205）	（−3.739）
Boar	−0.012***	−0.002	0.003	0.010
	（−2.921）	（−0.186）	（0.434）	（0.645）
Indep	0.001	0.001	−0.008	0.007
	（0.029）	（0.029）	（−0.495）	（0.101）
Dual	−0.001	−0.000	0.000	−0.001
	（−0.273）	（−0.114）	（0.344）	（−0.179）
Soe	0.008	0.009	−0.000	0.004
	（1.675）	（1.266）	（−0.074）	（0.405）
Analyst	0.000	−0.007***	0.001	−0.009***
	（0.169）	（−4.532）	（1.627）	（−2.797）
Intercept	0.080	−0.272***	0.092**	−0.489***
	（1.503）	（−3.936）	（2.632）	（−3.574）
Year	Yes	Yes	Yes	Yes
Industry	Yes	Yes	Yes	Yes

续表

控制变量	(1)	(2)	(3)	(4)
	RM_CFO	RM_PROD	RM_DISEXP	RM
Firm FE	Yes	Yes	Yes	Yes
Adj. R^2	0.028	0.059	0.044	0.057
N	19694	19694	19694	19694

注：*、**、***分别表示在10%、5%、1%的水平上显著（双尾检验）；括号内为T值，标准误经过公司层面的聚类调整。

资料来源：笔者整理所得。

二、分行业信息披露与分析师关注

分析师作为资本市场重要的信息中介，在助力信息传播和改善信息环境等方面发挥了重要的作用。通过分析师专业的整合和解读，能有效提升投资者对公司盈余信息的理解和吸收（Jung等，2019；朱红军等，2007）。本章预期分行业信息披露强化对行业关键性指标的披露，同时规范同行业公司的信息比较口径，会有效降低分析师的信息挖掘和搜寻成本，吸引更多的分析师关注，提高分析师预测精度以及降低分析师预测分歧度进而提升盈余信息含量。

为了验证这一机制，参考丘心颖等（2016）、陈钦源等（2017）的相关研究，计算分析师跟踪数量（Analyst）、预测精度（Ferr）和预测分歧度（Fdisp）等指标。回归后得到的结果报告在表6-14中。第（1）列为分析师跟踪数量对数值的回归结果，TreatPost的系数为0.044，且在5%水平上显著，表明分行业信息披露政策实施后，相比于控制组的公司，受政策影响的公司分析师跟踪数量明显增加。第（2）列和第（3）列分别为分析师预测精度和分歧度的回归结果，可以发现，TreatPost的系数均显著为负，表明分行业信息披露政策的实施提升了分析师预测准确度，降低了分析师预测分歧。综合表6-14的结果，分行业信息披露通过吸引分析师关注，改善信息传播环境的假设预期得到验证。

表6-14 分行业信息披露与分析师关注

控制变量	(1)	(2)	(3)
	Analyst	Ferr	Fdisp
TreatPost	0.044**	-0.370**	-0.200*
	(2.543)	(-2.077)	(-1.787)

控制变量	（1） Analyst	（2） Ferr	（3） Fdisp
Analyst		−0.005 （−0.647）	−0.013** （−2.446）
Size	0.790*** （61.844）	−1.005*** （−5.628）	−0.433*** （−4.542）
Lev	−0.956*** （−20.943）	0.039 （0.076）	0.463 （1.457）
MB	−1.030*** （−25.470）	4.895*** （11.176）	2.631*** （9.885）
Dual	−0.006 （−0.371）	−0.201 （−1.195）	−0.160 （−1.593）
Listage	−1.007*** （−12.319）	0.358 （0.444）	0.821 （1.612）
Top1	−0.004*** （−11.961）	0.021*** （6.046）	0.016*** （7.014）
Soe	−0.193*** （−4.983）	1.642*** （3.068）	0.979*** （3.457）
Turnover	0.048*** （2.792）	−0.209 （−1.242）	−0.222** （−2.002）
Growth	−0.022*** （−5.593）	−0.081** （−2.104）	−0.022 （−0.781）
Sdroe	−0.177*** （−6.384）	−0.483 （−1.534）	1.482*** （6.669）
Dacc	−0.139*** （−5.344）	−0.897** （−2.508）	−0.818*** （−5.129）
Intercept	−10.540*** （−28.907）	18.791*** （4.675）	6.076** （2.414）
Year	Yes	Yes	Yes

续表

控制变量	(1)	(2)	(3)
	Analyst	Ferr	Fdisp
Firm FE	Yes	Yes	Yes
Adj. R^2	0.085	0.032	0.088
N	20231	18308	16781

注：＊、＊＊、＊＊＊分别表示在10%、5%、1%的水平上显著（双尾检验）；括号内为 T 值，标准误经过公司层面的聚类调整。

资料来源：笔者整理所得。

第六节　拓展性检验：分行业信息披露与信息可读性

上文的理论分析和实证检验结果显示，在行业产业日趋多元化、差异化的背景下，结合行业具体特征实施分行业信息披露政策能有效规范管理层操纵行为，同时吸引更多分析师跟踪和关注，进而提升盈余信息含量，改善投资者信息决策环境。事实上，与这一过程紧密相关的一个问题是分行业信息披露指引下呈报信息的可读性是否发生了变化。基于直观的逻辑，如果可读性得到提升，一方面，会强化信息溢出效应使得管理层异常行为更容易被发现，进而抑制其潜在操纵行为；另一方面，伴随可读性提升使信息更加清晰明了，也有助于进一步强化信息认知，吸引更多分析师的关注和跟踪。这意味着，厘清分行业信息披露对信息可读性的影响能有效完善本章研究的逻辑链条，同时也能为分行业信息披露提升盈余信息含量这一基本结论提供增量证据。鉴于此，本部分拟在利用文本分析方法度量信息可读性的基础上，并进一步检验分行业信息披露对信息可读性的影响。

具体地，参考王克敏等（2018）的研究方法，结合汉语委婉含蓄的语言逻辑表达特点，从文本逻辑和字词的复杂性两个角度，构建逆接成分密度（Adverse）、会计术语密度（ATDensity）和次常用字密度（UCDensity）三个变量刻画中文年报文本信息复杂性。其中，逆接成分词典来自《现代汉语篇章中的连接成分》（廖秋忠，1986）的逆接连接成分；会计术语词典来自《灵格斯汉英会计词典》（灵格斯词霸，2008）；次常用字词典来自《现代汉语次常用字表》（国家语言工作委员会和国家教育委员会，1988）。然后，将年报中出现的词典词频除以年报总中文字符数，再乘以100，即得到相应的测度指标，即分别表示每百字中包含逆接关系连接成分、会计术语和次常用字个数。Adverse、ATDensity、UC-Density 均为负向指标，其值越高，表示年报文本信息复杂性越高，文本越不容易被理解，文本可读性越差；反之，其值越低，则表示文本复杂性越低，文本越容易被理解，文本可读性越高。

分行业信息披露政策实施对年报信息可读性影响检验的相关结果报告在表 6-15 中，其中，第（1）~第（3）列分别表示采用逆连接成分密度（Adverse）、会计术语密度（ATDensity）和次常用字密度（UCDensity）变量作为文本信息可读性指标。从 TreatPost 的系数来看，各列均为负，且第（2）列和第（3）列显著为负，这些结果说明分行业信息披露政策的实施显著降低了年报文本的复杂性，提升了年报文本的可读性，也即上文的预期得到验证，分行业信息披露政策要求企业在一般性披露的基础上强化对行业特性内容的呈现，有助于改善资本市场信息环境，促进盈余信息更好地被吸收和传递。

表 6-15　分行业信息披露与信息可读性

控制变量	（1）	（2）	（3）
	Adverse	ATDensity	UCDensity
TreatPost	−0.002	−0.265 ***	−0.011 *
	（−0.612）	（−3.397）	（−1.836）
Size	−0.001 *	−0.080	0.003 ***
	（−1.930）	（−1.220）	（2.592）
Lev	−0.015 ***	−0.209	−0.002
	（−5.212）	（−0.872）	（−0.345）
Roa	−0.018	0.403	−0.066 **
	（−1.597）	（1.001）	（−2.555）
Tobin	−0.004	−0.358 **	0.006
	（−1.240）	（−2.206）	（0.808）
Listage	0.001	−0.780 ***	−0.003
	（1.193）	（−5.314）	（−1.074）
Boar	0.002	−0.016	0.001
	（0.700）	（−0.074）	（0.142）
Indep	0.005	−0.580	0.010
	（0.551）	（−0.888）	（0.444）

续表

控制变量	(1)	(2)	(3)
	Adverse	ATDensity	UCDensity
Dual	0.003 ***	0.077	−0.003
	(2.685)	(1.233)	(−1.412)
Soe	0.001	−0.156	−0.008 ***
	(0.808)	(−0.825)	(−3.188)
Dacc	0.002	−0.200	0.002
	(0.313)	(−0.586)	(0.197)
Intercept	0.106 ***	18.357 ***	−0.046
	(7.429)	(11.996)	(−1.413)
Year	Yes	Yes	Yes
Firm FE	Yes	Yes	Yes
Adj. R^2	0.105	0.203	0.009
N	17836	17836	17836

注：*、**、***分别表示在10%、5%、1%的水平上显著（双尾检验）；括号内为 T 值，标准误经过公司层面的聚类调整。

资料来源：笔者整理所得。

第七节　本章小结

推进分行业信息披露是近年来上市公司信息披露制度改革的重要举措，然而目前却鲜有文献关注这一改革的实施效果。本章从投资者信息决策有用性的视角出发，利用沪深交易所交错发布上市公司分行业信息披露指引这一准自然实验场景，实证检验了分行业信息披露对资本市场信息环境的影响，并进一步探讨了背后的作用机理。双重差分模型结果显示，分行业信息披露政策的实施显著提升了公司盈余信息含量，并且这一提升效果在内部控制水平较高、外部监管环境较强的公司样本中更为明显。经过一系列稳健性检验后上述结果仍然成立。进一步的机制分析发现，分行业信息披露政策的实施能降低企业的盈余管理行为，提升盈余信息质量，增强投资者对盈余信息的信赖程度，使其更愿意依据企业发布的信息进行决策。同时，分行业信息披露的实施吸引了更多的分析师跟踪，增加了信息的传播和专业解读，使投资者对盈余信息的理解和认知得以增强，便于其更好地利用信息进行决策。此外，还从文本分析的视角出发更直接地考察了分行业信息披露对信息传递的影响，结果发现，分行业信息披露能显著提升财务报告信息可读性，这为分行业信息披露政策实施正向影响盈余信息含量这一结论提供了进一步的证据支持。

从理论上来看，本章的研究丰富了盈余信息含量、会计信息决策有用性等领域的相关文献，为后续关于信息披露方式、投资者认知与盈余信息含量相关研究提供了很好的参考。同时，对我国资本市场信息披露制度的发展和改革也具有重要的启示意义。资本市场是一个信息场，充分有效的信息披露是资本市场高质量发展的重要基石。研究结论显示，交易所现阶段推行的分行业信息披露政策有效提升了信息的决策有用性，为资本市场效率提升带来了积极的影响。后续在稳步推进这一工作的基础上，需要重视内外部治理环境发挥的互补作用，加强企业内部控制规范的建设，强化审计师、分析师、机构投资者等外部监督形成合力，促使分行业信息披露政策发挥更大的功效。

第七章 分行业信息披露与资本市场定价效率

价格是引导资源流动的信号，信息是投资者做出定价决策的依据。因此，清晰完备的信息披露是资本市场资源配置功能有效发挥的前提。不断推动信息披露制度改革，建立以信息披露为中心的监管体系，也是近年来我国资本市场改革的重要方向。本章探讨信息披露监管模式转变是否以及如何影响资本市场定价效率，即分行业信息披露制度实施是否有利于资本市场定价效率的提升。

第一节 问题提出

信息是资产定价的基础和依据，由信息不透明引致的代理问题和投资者异质性信念是市场估值偏误的重要原因（Engelberg 和 Parsons，2011；Boehmer 和 Wu，2013）。现有研究表明，在信息不对称程度越高的情况下，管理层操纵信息的动机和能力越强（Kim 和 Zhang，2014；赵静等，2018）。另外，社会心理学研究发现，越是在信息环境较差、信息不透明时，投资者越难以及时了解公司真实的经营状况，他们会更倾向于依赖于市场流言、小道消息进行决策（Banerjee，1992；Breuer 等，2020；游家兴和吴静，2012）。因此，企业稳健高质量的信息披露，有利于降低管理层与投资者之间的信息不对称，从源头上改善投资者判断公司价值的信息供给，促使市场价格向真实价值回归（徐寿福和徐龙炳，2015）。具体来说，高质量的会计信息一方面可以抑制管理层不计或少计损失以及高估资产和收益的行为，使投资者能接触更多真实、客观的盈余信息，提高盈余信息含量；另一方面也可以减少投资者对市场传闻等其他渠道信息的依赖程度，降低"羊群行为"和"跟风炒作"等，使投资者的决策回归理性，进而降低市场估值偏误（刘烃松，2005）。

认知心理学中的信息加工理论认为，投资者根据接收到的信息进行定价决策的过程，实际上是一个不断对信息进行解码、加工和再认知的过程（Choi 和 Choi，2019）。然而，在现实市场交易的投资者都是有限理性的，他们对复杂事物的认知和计算能力、对不同信息的解读和加工能力等都是十分有限的（Hirshleifer，2001）。正是因为投资者的有限理性，使其在对外部信息进行编辑时，不能准确、充分地对信息进行简化、编码和解读，不能很好地将外部粗糙的"异码信息"转化为可供评价、识别的"己码信息"，影响资产价格向其内在价值的趋近过程，进而导致资本市场错误定价（Sims，2003）。与此同时，Bailey 等（2007）的研究认为，不同的信息解读方式产生的解读结果差异，会影响投资者对资产价格的认知和信念，从而降低资本市场定价效率。

资产定价一直是金融经济学研究领域的热点话题。在现实世界中，由于制度摩擦、信息不对称以及投资者非理性认知等，资产价格与其内在价值时常出现较大的偏离，即产生资本市场错误定价现象。这种金融异象存在于各国资本市场，在新兴经济体市场中则表现得尤为明显（Jiang 等，2017）。长期持续的错误定价，对资源配置、实体经济发展产生了巨大的损害。因此，如何缓解市场中的错误定价现象也一直是实务界和理论界关注的焦点。现有文献主要围绕交易制度缺陷、信息可靠性以及公司治理特征等方面（Berkman 等，2017；李科等，2014；陈蓉和吴宇翔，2019），分析了资本市场错误定价的影响因素及缓释效应，却鲜有考察信息披露模式变迁与投资者认知所带来的影响。事实上，投资者定价决策是一个不断对信息进行加工、解读和认知的过程。而信息披露模式的变化很有可能影响投资者对信息接收、处理和决策反馈的全过程，进而影响其定价行为。基于此，本章尝试从分行业信息披露政策实施为切入点，检验信息披露模式变化与投资者信息解读对资本市场错误定价的影响，以弥补已有文献的不足。

从动态来看，投资者资产价格决策的过程实质是挖掘信息、解码信息和认知信息循环往复的过程。由于不同投资者在信息获取渠道、分析技术和认知能力上的差异，使其对资产价格预期存在分歧，进而导致实际价格偏离资产内在价值。分行业信息披露要求公司在常规性披露的基础上，增加对行业经营相关信息的呈报，同时突出与同行公司关键性指标的比较。一方面，这能有效规范信息源，减轻投资者的信息搜集成本，提高信息透明度，缓解投资者的信息不对称，进而降低投资者之间由于信息获取能力差异所产生的资本市场错误定价；另一方面，分行业信息披露能规范同行业公司信息披露口径，使得投资者快速获悉公司相对价值定位，形成更为稳定、一致的价值预期，降低主观定价的盲目性。因此，从理论上来看，分行业信息披露政策的实施能有效降低投资者的信息搜集和解读成本，帮助投资者更便捷地确定投资标的的价值定位，降低定价的异质性信念分歧，缓解市场中的错误定价现象。

在上述分析的基础上，首先，本章借助沪深交易所交错发布分行业信息披露指引这一准自然实验，构造双重差分模型实证检验了分行业信息披露对资产定价偏误的影响。实证研究结果显示，分行业信息披露政策的实施显著提升了资产定价效率，缓解了市场错误定价现象。经过一系列稳健性检验后，这一结论依然保持。其次，进一步的研究发现，分行业信息披露对资本市场错误定价的缓释效应在信息透明度较低、散户投资者持股较多的公司样本中更为明显。这说明，分行业信息披露有助于提升公司信息透明度，降低投资者尤其是散户投资者的信息解读成本，缓解信息不对称。最后的路径分析发现，分行业信息披露通过改善信息环境，提升公司信息可比性，降低投资者异质性信念，缓解了资本市场错误定价。

与已有文献相比，本章的研究贡献主要体现在以下三个方面：①拓展了信息披露模式变化经济后果以及投资者信息认知等领域的相关文献。现有研究主要考察了信息可靠性、稳健性等特征对投资者决策的影响，却鲜有关注信息披露模式变化带来的影响。本章以分行业信息披露制度实施为切入点进行研究，为此提供了一个新的研究视角。②丰富了资本市场错误定价缓释及其影响因素相关文献的研究。长期持续的错误定价给资本市场健康发展带来了巨大的阻碍，如何缓解错误定价一直是各界讨论的热点问题，从现有文献来看，主要集中于交易制度、媒体中介传播和公司治理特征等方面，讨论信息披露模式和投资者信息解读成本对资产定价偏误影响的文献仍较少，本章的研究为此提供了补充。③为监管部门正在推进的信息披露制度改革实践提供了经验证据。强化以信息披露为核心的监管理念，推动分行业信息披露体系建设是近年来资本市场信息披露制度改革的重要举措，然而目前却鲜有文献关注这一改革的实施效果。本章借助沪深交易所交错推出分行业信息披露指引这一外生事件，构造双重差分模型对此进行了实证检验。结果显示，分行业信息披露有助于降低投资者信息解读成本，改善市场信息环境。因此，监管部门应继续深化分行业信息披露体系建设，充分考虑不同行业间的差异性，制定针对性更强的信息呈报标准。总而言之，本章的研究结论无论对投资者信息认知、资本市场错误定价领域的研究文献，还是对我国资本市场信息披露制度改革实践都具有良好的启示和参考意义。

第二节　文献回顾与假设推导

一、资本市场定价效率相关研究

资产定价与资源配置作为资本市场运行的两大基本功能，利用股票价格引导资源合理地配置是资本市场的重要职责与内在运行机制。然而,股票价格的这种资源配置作用的发挥取决于其反映企业内在价值或真实价值(Intrinsic/Fundamental Value)的能力,而这种股价反映信息的能力也是衡量一个国家资本市场运行效率的重要标志。经过30年的发展,我国资本市场的规模已达到全球第二,市场基础制度不断发展完善,市场层次体系不断丰富。但也应注意到,我国的资本市场仍然是一个新兴市场,市场参与者投机氛围浓厚,信息舞弊、财务造假等屡禁不止,投资者"跟风炒作"行为严重,资本市场定价效率不高,错误定价现象频现(Stambaugh 和 Yuan,2017;陆蓉等,2017;李善民等,2020)。因此,如何提高资本市场定价效率,缓解错误定价现象,有效的发挥对资源配置的引导作用也一直是金融经济学研究领域的热点话题,学术界也积累了许多优秀的文献。

一个运行良好的资本市场,股票价格能够有效引导资源配置。另外,股价信号机制的有效发挥依赖于其反映企业真实价值的能力。如果股价所反映的企业真实信息越多,那么股价越接近其真实价值,也越能有效地引导资源进行合理配置(Akerlof,1970)。因此,资本市场定价效率的提升依赖于市场价值向真实价值的趋近(Schreiber 和 Schwartz,1986;Engelberg 等,2018;金大卫和冯璐茜,2016)。囿于股票内在价值(真实价值)直接测量的困难,大量文献依托于有效市场假说,通过股票价格反映信息的速度与能力来评估股票市场价值向内在价值的趋近,也即资本市场错误定价程度。

资本市场错误定价是指在信息不对称和市场参与者有限理性的情况下,股票价格与其内在价值的偏离。已有文献从多个方面解释了股票价格偏离其内在价值的成因,如卖空约束(李科等,2014;陈蓉和吴宇翔,2019;Boehmer 和 Wu,2013)、媒体渲染(Engelberg 和 Parsons,2011;游家兴和吴静,2012)、信息披露(Choi 等,2019;Engelberg 等,2018)以及公司治理特征等(权小峰和吴世农,2012;徐寿福和徐龙炳,2015)。具体而言,徐寿福和徐龙炳(2015)研究认为,资本市场估值偏误严重阻碍了证券市场的健康发展,而信息不对称是导致上市公司市场价值长期偏离内在价值的根本原因。更进一步地,Berkman 等(2009)、陆蓉等(2012)指出,信息披露通过提高投资者对上市公司的认知程度,缓解了信息不对称,降低了定价的意见分歧,进而纠正了股价的错估现象。在交易制度方面,李科等(2014)、林思涵等(2020)利用融资融券制度研究了卖空限制对股票错误定价的影响,发现卖空限制导致了不能被卖空的股票被严重高估,融资融券制度等做空机制的实施有助于矫正股价市场的错误定价,提高市场定价效率。王朝阳等(2017)基于 AH 股的比较研究发现,涨跌停制度的实施是 A 股市场股价高波动的重要原因,涨跌停制度的存在,使股价不能迅速回归正常价值,常常存在补涨和补跌的现象,不仅进一步加剧了股价波动,也导致了股票价格的错误定价。从媒体中介信息传播来看，游家兴等（2012）的研究指出，新闻媒介能形成一个强大的意见气候，它所传递的情绪能影响投资者对事物的认识，导致投资者的趋同行为（如从众行为、羊群效应等），最终影响股票市场的定价偏误。

现有文献关于错误定价的测度方法主要分为两大类：①沿用公司金融的方法，根据公司财务指标确定企业的内在价值，通过企业内在价值与市场价值的偏差来度量公司的资本市场错误定价程度（Rhodes-Kropf 等，2005；Hribar 和 Ye-huda，2015；陆蓉等，2017；李善民等，2020）；②结合资产定价和套利机制，通过各只股票的历史收益特征，从市场异象的角度进行测度（Hirshleifer 等，2012；杨开元等，2013；尹玉刚等，2018）。

其中，根据财务信息从企业基本面出发衡量错误定价的方法主要有相对估值法、回归估值法或账面市值分解法和剩余收益估值模型三大类。相对估值法是一种以行业平均水平为基准的衡量方法。通过比较同行业内公司的市场价值和资产水平，推算公司基础价值；运用市场价值与基础价值的比较，估算出公司相对于业内同行的错误定价水平（Berger 和 Ofek，1995；Stambaugh 和 Yuan，2017；游家兴和吴静，2012）。回归估值法或账面市值分解法是将股票的账面市值分解为错误定价部分和真实成长机会两部分，在充分考虑公司成长价值后，通过比较公司的市场价值和真实成长价值的差异，推断错误定价水平（Rhodes-Kropf 等，2005；陆蓉等，2017；李善民等，2020）。剩余收益估值模型是通过公司的财务报表信息构建剩余收益变量的线性动态模型，估算内在价值的一种方法（Feltham 和 Ohlson，1995；Dong 等，2020；徐寿福和徐龙炳，2015；王生年等，2018）。除此之外，也有学者从资本市场异象的角度出发测度错误定价。例如，Ma 等（2018）、杨威等（2020）的研究基于锚定效应，采用过去 52 周的股价最高点作为重要的锚定参考变量，通过年度最后一个交易日股价的收盘价与本年度最高收盘价之比，衡量股价的高估程度。杨开云等（2013）、尹玉刚等（2018）结合资本资产定价原理，采用五因子模型从市场异象的角度测算公司的异常收益情况，并以此作为错误定价的度量指标。

从现有关于资产定价影响因素的相关文献来看，都认为稳健的信息披露和投资者认知能力的提升能有效提升市场的定价效率，却鲜有文献关注信息披露模式变化、投资者信息解读能力和处理过程对资本市场错误定价的影响。基于此，本章试图以分行业信息披露政策实施这一事件为切入点，对这一问题进行深入研究。

二、假设推导

按照风险收益定价原理，股票价格的决定因素主要是企业未来期望的现金流和贴现率。理论上股票价格应该等价于公司未来价值的现金流贴现值，也即内在价值。在有效资本市场中，信息的变动会带动股票价格的迅速波动，公司所创造的价值会迅速反映到市值中，使股票价格始终在公司内在价值附近（Fama，1998；李雪峰和文茜，2012）。事实上，这依赖于一个重要假设，即投资者能完全获取与公司价值相关的信息，并充分理解这些信息所传递的价值内涵。然而，由于不同投资者在信息获取渠道、解读和认知能力上的差异，使其难以形成稳定、一致的价值预期，最终出现资产定价偏误现象（方军雄等，2018；金宇超等，2017）。分行业信息披露指引要求企业在常规性披露的基础上，增加对公司所在行业、业务单元相关经营性信息的披露，同时强化对行业经营关键指标的对比呈现。这将为投资者信息获取和认知带来极大的便利，进而影响其定价决策。具体体现在以下两个方面：

第一，规范信息源，降低投资者信息挖掘成本，提高信息透明度，缓解信息不对称。目标企业关于行业经营相关信息的披露能使投资者快速地了解标的公司所在行业、产业的基本情况和发展态势，降低信息搜寻和挖掘成本，提高投资者定价决策的针对性。

第二，分行业信息披露结合不同行业特点提出的差异化呈报标准，有助于规范同行业公司信息披露口径。通过对企业披露的关键性行业指标的对比分析，使投资者能快速获悉公司相对价值定位，进而形成更为稳定、一致的价值预期，降低主观定价的盲目性。

从理论上来看，分行业信息披露政策的实施能有效降低投资者的信息搜集和解读成本，帮助投资者更便捷地确定投资目标的价值定位，降低定价的异质性信念分歧，缓解市场中的错误定价现象。据此，本章提出以下假设：

H1：分行业信息披露政策的实施有助于缓解资本市场错误定价现象

信息的充分流动和有效传播是资本市场定价效率提升的重要力量（Mullainathan and Shleifer，2005）。前文的理论分析表明，标的企业对行业经营性信息的披露有助于降低投资者的信息挖掘和搜寻成本，使定价决策更有针对性，进而缓解资产定价偏误（徐寿福和徐龙炳，2015；王朝阳和王振霞，2017）。事实上，尤其是在目标公司信息环境较差、信息透明度较低时，分行业信息披露对投资者的价值认知影响可能更大。这是因为，在目标公司信息透明度较低时，投资者从其他渠道获取印证性信息的可能性更小，他们对公司现时披露信息的依赖程度也越高。分行业信息披露带来的行业经营性信息增量和同业公司比较口径的规范，使投资者能便捷地进行对比分析，捕捉公司业绩排名和发展趋势相关信息，厘清公司价值定位。

因此，越是在标的企业信息透明度较低时，分行业信息披露政策的实施对投资者正确认知标的公司定价的帮助越大，进而越有利于纠正定价偏误。据此，本章提出以下假设：

H2：企业信息透明度越低时，分行业信息披露对资本市场错误定价的缓释效果越明显

除了上述标的企业自身信息披露特征带来的影响外，作为信息接收方的投资者而言，其对信息的解读和吸收过程同样也会影响资产定价的准确性。在现实世界中，投资者的专业素养和分析水平参差不齐，特别是在新兴市场中散户居多，而其对信息的调整和解读能力均较弱。换句话说，与专业的机构投资者相比，散户投资者对信息的处理和认知成本更高（王丹等，2020；孔东明等，2015）。分行业信息披露突出强调对行业经营信息的披露，同时要求公司比较与同行企业在关键指标的差异。这将能有效降低散户投资者的信息冗余，规避对行业专门知识的过高需求，使其快速获取公司与同行企业在战略目标和经营绩效的差异，进而进行正确定价。这意味着，相比于专业的机构投资者而言，分行业信息披露对散户投资者的帮助更大。据此，本章提出以下假设：

H3：企业散户投资者越多时，分行业信息披露对资本市场错误定价的缓释效果越明显。

第三节　研究设计

一、样本选取与数据来源

（一）上市公司数据

本章选取 2009~2020 年中国沪深 A 股上市公司作为研究样本，上市公司数据主要来源于国泰安（CSMAR）和万得（Wind）数据库，其中包括上市公司财务报表数据、公司股票信息以及企业性质等信息，同时考虑金融行业的特殊性，剔除行业分类属于金融、保险业的公司以及数据缺失的样本。

（二）分行业信息披露数据

本章旨在考察分行业信息披露对资本市场定价偏误的影响，所需数据包括分行业信息披露执行情况数据；上市公司财务报表数据、股票价格信息数据以及企业性质、内部控制等数据。其中，上市公司相关数据拟从 CSMAR 数据库获取；企业内部控制数据拟采用迪博（DIB）内部控制指数；分行业信息披露数据拟通过网络爬虫技术和手工整理获取。

上市公司是否执行分行业信息披露政策样本识别，本章拟采用如下方法界定：首先，通过上海证券交易所和深圳证券交易所官方网站，手工下载和梳理所有《上市公司行业信息披露指引》（以下简称《指引》）相关文件。其次，逐一阅读文件内容，整理和标记所涉及行业信息和开始执行时间。最后，将各《指引》中所涉及的行业信息与《中国证监会上市公司行业分类指引》以及《上市公司行业分类结果表》进行比较，识别处理组样本。其中，对于行业大类（例如，A 农业、林业、畜牧业和渔业；F52 零售业；C27 医药制造业等）直接通过所对应的行业名称以及代码识别处理组样本，Treat 取值为 1；对于产业链、供应链等其他无法直接对应的特定细分行业（例如，光伏产业链、LED 产业链等）则先通过百度搜索关键词查询相关细分行业所涉及上市公司，再通过网络爬虫技术批量下载上交所或深交所披露的年报信息，通过年报信息中的"经营情况讨论与分析"与主营业务构成情况识别是否执行分行业信息披露，如果执行，那么 Treat 取值为 1（例如，300111 向日葵公司在 2017 年年报中明确表明，公司需遵守光伏产业链相关业务的披露要求；300317 珈伟新能公司在 2017 年年报中表明，公司需遵循 LED 相关业务披露要求），否则取值为 0。

需要特别说明的是，为了保证数据的准确性和可行性，对于可直接与《上市公司行业分类指引表》对应的行业大类，不仅通过比对行业代码进行识别，还拟通过随机挑选上市公司年度报告，进行手工验证。对光伏产业、LED 等涉及产业链、供应链等无法直接与行业信息相对应的特定细分行业进行了逐一的查找和核对。具体为，利用网络爬虫技术，读取上市公司年报中关于分行业信息披露指引执行情况的适用性选项，进而识别实验组样本。其中，深圳证券交易所上市公司的分行业信息披露执行情况主要体现为以下四种表述：①公司是否需要遵循特殊行业的披露要求；②公司需遵守《深圳交易所行业信息披露指引第＊号——上市公司从事＊＊＊＊业务》的披露要求；③公司是否需遵守《深圳交易所行业信息披露指引第＊号——上市公司从事＊＊＊＊业务》的披露要求；④公司是否需要遵守＊＊＊行业的披露要求。上海证券交易所上市公司的分行业信息披露执行情况主要体现为以下两种表述：①《上市公司行业分类指引》；②行业经营性信息分析。此外，本章还根据"行业信息""特殊行业""指引""经营性信息""遵守"等关键词对年报信息进行检索和核对，以期获得更为干净、准确的实验组样本。

二、变量说明

（一）资本市场定价效率

本章借鉴已有文献的研究思路（Feltham 和 Ohlson，1995；Dechow 等，1999），采用 Hou 等（2012）、徐寿福和徐龙炳（2015）、Dong 等（2017）、王生年等（2017）的研究方法，运用公司自身财务数据（账面价值、未来预期收益）衡量企业的内在价值（Ohlson，1995）。具体而言，参考 Frankel 和 Lee（1998）的做法，通过分析师对企业未来三期的盈余预测，采用剩余收益模型估算内在价值：

$$V_t = b_t + \frac{f(1)_t - r \cdot b_t}{(1+r)} + \frac{f(2)_t - r \cdot b(1)_t}{(1+r)^2} + \frac{f(3)_t - r \cdot b(2)_t}{(1+r)^2 \cdot r} \qquad (7-1)$$

在模型（7-1）中，V_t 为每股内在价值，$f(\ )_t$ 为分析师盈余预测，b_t 为每股权益账面价值，r 为资本成本，参考徐寿福和徐龙炳（2015）的研究选用5%的固定资本成本。事实上，我国分析师数量较少且难以覆盖所有上市公司，同时其预测行为也存在乐观偏差（饶品贵和岳衡，2012），因此在预测公司未来盈余时，采用 Hou 等（2012）、徐寿福和徐龙炳（2015）的预测方法取代分析师盈余预测：

$$Earnings_{i,t+j} = \alpha_0 + \alpha_1 Asset_{i,t} + \alpha_2 Dividend_{i,t} + \alpha_3 DD_{i,t} + \alpha_4 Earnings_{i,t} +$$

$$\alpha_5 NegEn_{i,t} + \alpha_6 Accural_{i,t} + \varepsilon_{i,t+j} \qquad (7-2)$$

在模型（7-2）中，j 取值为1，2，3，$Earnings_{i,t+j}$ 则表示未来1~3年的每股盈余；$Earnings_{i,t}$ 表示当年的每股盈余（营业利润/总股本）；$Asset_{i,t}$ 表示每股总资产；$Dividend_{i,t}$ 表示每股现金股利；$DD_{i,t}$ 表示是否发放股利的虚拟变量，发放股利时取值为1，否则为0；$NegEn_{i,t}$ 表示是否亏损的虚拟变量，如果亏损，取值为1，否则为0；$Accural_{i,t}$ 表示每股应计项目。对于错误定价的度量，首先通过模型（7-2）预测公司未来1~3年的每股盈余。其次将其代入模型（7-1）中测量公司的内在价值，采用内在价值与市场价值之比 V/P 衡量资产误定价。最后运用市场价值与其内在价值的绝对偏离 Misp = | 1−V/P | 度量资产误定价程度。

（二）控制变量

参考徐寿福和徐龙炳（2015）、Dong 等（2020）的研究，选取公司规模（Size）、资产负债率（Lev）、资产收益率（Roa）、经营活动现金流（Cash）、营业收入增长率（Grow）、独立董事占比（Indp）、董事会人数（Boar）、第一大股东持股比例（Top1）、企业上市年限（Listage）、两职合一（Dual）、产权性质（Soe）作为控制变量。另外，本章在模型估计时加入企业所属行业和年份的虚拟变量（张璇，2017；申宇等，2017）。

三、模型设定

本章主要研究分行业信息披露对资本市场定价效率的影响，沪深交易所交错推出上市公司分行业信息披露指引为此提供了一个错层的准自然实验场景。参考 Bertrand 等（2003）、Chen 等（2012）和赵静等（2018）的做法构建以下双重差分模型进行检验：

$$Misp_{t+1} = \alpha + \beta_1 TreatPost + \beta_2 Treat + YEAR + \beta_3 Controls + \varepsilon_{it} \qquad (7-3)$$

在模型（7-3）的基础上进一步控制公司个体固定效应，则变形为：

$$Misp_{t+1} = \alpha + \beta_1 TreatPost + \beta_2 Controls + YEAR + FIRM + \varepsilon_{it} \quad (7-4)$$

其中，Misp 表示资本市场错误定价相关变量；Treat 表示公司是否受到沪深交易所分行业信息披露政策的影响，受政策影响的公司取值为 1，未受政策影响的取值为 0；Post 表示政策实施时间的前后，实施前取值为 0，实施之后取值为 1。Controls 表示控制变量，YEAR 表示时间效应，FIRM 表示公司固定效应。为消除极端值的影响，模型中所有的连续变量如 Asset、Lev 等，都基于整个市场层面，按照 1% 与 99% 百分位进行缩尾处理。

四、描述性分析

表 7-1 报告了相关变量的描述性统计结果。可以看出，Treat 和 Post 变量的均值分别为 0.410、0.199，表明截至 2020 年年度报告披露共有 41% 的公司需要按照交易所发布的分行业信息披露指引规定进行信息披露，20% 的样本为按照行业信息披露指引报告之后的样本年度。资本市场错误定价变量（Misp）的均值为 0.618，中位数为 0.668。公司资产规模对数值（Size）的均值为 22.092，中位数为 21.911；资产负债率（Lev）的均值、中位数分别为 0.414 和 0.404，这些结果都与已有文献的统计结果较为类似。

表 7-1　描述性统计

变量	均值	中位数	标准差	最小值	最大值
Post	0.199	0.000	0.399	0.000	1.000
Treat	0.410	0.000	0.492	0.000	1.000
Misp	0.618	0.668	0.221	0.000	0.969
Size	22.092	21.911	1.302	19.335	26.060
Lev	0.414	0.404	0.206	0.049	0.882
Roa	0.051	0.043	0.040	−0.065	0.199
Cash	0.151	0.112	0.127	0.007	0.634
Grow	0.168	0.115	0.336	−0.646	1.888
Indp	0.391	0.375	0.101	0.000	0.667
Boar	2.211	2.197	0.291	1.386	2.944
Top1	0.351	0.331	0.149	0.086	0.748
Listage	2.187	2.303	0.769	0.693	3.332

变量	均值	中位数	标准差	最小值	最大值
Dual	0.271	0.000	0.444	0.000	1.000
Soe	0.371	0.000	0.483	0.000	1.000

资料来源：笔者整理所得。

第四节　分行业信息披露与资本市场定价效率实证结果分析

一、分行业信息披露与资本市场定价效率：基本结果

为了检验 H1 分行业信息披露对资本市场定价效率的影响，按照上文的模型（7-3）和模型（7-4）分别进行回归，得到的回归结果报告在表 7-2 中。其中，第（1）和第（2）列为固定效应模型回归结果，第（3）和第（4）列为混合 OLS 回归结果。可以发现，双重差分模型交互项（TreatPost）的系数在各列均显著为负。这表明受到分行业信息披露政策影响的公司较未受政策影响的公司，在政策实施后其错误定价程度显著降低，也即假设 H1 分行业信息披露有助于缓解资本市场定价效率得到验证。

表 7-2　分行业信息披露与资本市场定价效率：基本结果

控制变量	(1)	(2)	(3)	(4)
	固定效应模型		OLS 回归	
	$Misp_{t+1}$	$Misp_{t+1}$	$Misp_{t+1}$	$Misp_{t+1}$
TreatPost	-0.019***	-0.017***	-0.042***	-0.032***
	(-3.41)	(-3.23)	(-6.45)	(-6.40)
Treat			0.003	0.024***
			(0.48)	(4.89)
Size		-0.094***		-0.102***
		(-22.83)		(-44.82)

续表

控制变量	（1）	（2）	（3）	（4）
	固定效应模型		OLS 回归	
	$Misp_{t+1}$	$Misp_{t+1}$	$Misp_{t+1}$	$Misp_{t+1}$
Lev		0.280 ***		0.292 ***
		（19.18）		（22.04）
Roa		0.929 ***		1.427 ***
		（20.33）		（26.38）
Cash		−0.015 *		0.054 ***
		（−1.65）		（4.18）
Grow		0.020 ***		0.041 ***
		（6.56）		（11.34）
Indp		−0.032 ***		−0.001
		（−2.73）		（−0.07）
Boar		0.017 ***		0.006
		（3.61）		（1.03）
Top1		−0.004		0.059 ***
		（−0.14）		（4.01）
Listage		0.011 *		−0.013 ***
		（1.74）		（−4.12）
Dual		0.007 *		0.010 ***
		（1.69）		（2.60）
Soe		−0.049 ***		−0.019 ***
		（−4.01）		（−3.35）
Const	0.703 ***	2.496 ***	0.789 ***	2.925 ***
	（12.50）	（21.62）	（39.22）	（44.95）
Year	Yes	Yes	Yes	Yes
Firm	Yes	Yes	No	No
Adj. R^2	0.390	0.471	0.248	0.543
N	23107	23107	23107	23107

注：* 、 * * 、 * * * 分别表示在10%、5%、1%的水平上显著（双尾检验）；括号内为 T 值，标准误经过公司层面的聚类调整。

资料来源：笔者整理所得。

二、分行业信息披露与资本市场定价效率：信息透明度

H2 分析认为，当公司信息环境较差、信息透明度较低时，分行业信息披露带来的信息增量和同行公司比较口径的统一，将会对投资者定价决策提供更大的帮助。为了验证这一推断，参考 Hutton 等（2009）、游家兴等（2012）的做法，采用连续三年操纵性应计绝对值的平均数来衡量公司信息透明度（OPACITY）。该指标数值越大，表明公司信息不透明程度越高。根据透明度高低分组回归的结果报告在表 7-3 中。从表中可以发现，无论在固定效应模型还是混合 OLS 回归中，双重差分模型交互项（TreatPost）都仅在信息透明度较低时更为显著。这表明在公司信息透明度更低时，分行业信息披露对资本市场错误定价的缓释作用越明显，也即 H2 得到验证。

表 7-3　分行业信息披露与资本市场定价效率：信息透明度

控制变量	（1）	（2）	（3）	（4）
	固定效应模型		OLS 回归	
	$Misp_{t+1}$	$Misp_{t+1}$	$Misp_{t+1}$	$Misp_{t+1}$
	信息透明度高	信息透明度低	信息透明度高	信息透明度低
TreatPost	−0.010	−0.014*	−0.019	−0.040***
	（−1.44）	（−1.79）	（−1.47）	（−5.83）
Treat			0.022***	0.030***
			（3.98）	（4.75）
Size	−0.093***	−0.106***	−0.096***	−0.108***
	（−28.34）	（−16.43）	（−30.86）	（−37.90）
Lev	0.259***	0.302***	0.289***	0.287***
	（15.60）	（12.28）	（16.41）	（16.68）
Roa	1.023***	1.017***	1.474***	1.370***
	（19.04）	（11.44）	（8.83）	（19.08）
Cash	0.021	−0.056***	0.098**	0.030
	（1.26）	（−2.83）	（2.79）	（1.63）
Grow	0.026***	0.016***	0.043***	0.043***
	（6.53）	（2.65）	（4.17）	（7.31）
Indp	−0.029	−0.038**	−0.008	−0.005
	（−1.64）	（−2.12）	（−0.40）	（−0.27）

续表

控制变量	(1)	(2)	(3)	(4)
	固定效应模型		OLS 回归	
	$Misp_{t+1}$	$Misp_{t+1}$	$Misp_{t+1}$	$Misp_{t+1}$
	信息透明度高	信息透明度低	信息透明度高	信息透明度低
Boar	0.006	0.015**	0.000	0.010
	(0.87)	(2.29)	(0.07)	(1.25)
Top1	0.052**	−0.009	0.051***	0.074***
	(2.44)	(−0.25)	(3.81)	(3.88)
Listage	−0.016***	0.013	−0.010	−0.010**
	(−3.12)	(0.90)	(−1.67)	(−2.19)
Dual	0.013***	0.004	0.017***	0.006
	(2.71)	(0.62)	(4.12)	(1.24)
Soe	−0.030***	−0.054***	−0.015	−0.024***
	(−4.12)	(−2.93)	(−1.63)	(−3.42)
Const	2.646***	2.752***	2.608***	2.853***
	(38.53)	(19.13)	(36.78)	(47.01)
Year	Yes	Yes	Yes	Yes
Firm	Yes	Yes	No	No
Adj. R^2	0.486	0.446	0.496	0.559
N	10001	10066	10001	10066

注：*、**、***分别表示在10%、5%、1%的水平上显著（双尾检验）；括号内为 T 值，标准误经过公司层面的聚类调整。

资料来源：笔者整理所得。

三、分行业信息披露与资本市场定价效率：投资者构成

与专业的机构投资者相比，散户投资者对信息的处理和认知成本更高。而分行业信息披露突出强调要结合行业经营特征进行信息披露，分析公司与同行其他公司在关键性经营指标上出现差异的原因，并进行解释。这将能有效降低投资者的信息冗余，规避其对行业专门知识的过高需求，为散户投资者带来更大帮助。因此，H3预期当公司散户投资者持股越多时，分行业信息披露对定价效率现象的缓释作用越明显，资本市场定价效率越高。

为了验证这一假设，本章按照散户投资者比例（1-机构持股比例）高低将

总样本分成两组分别进行回归，得到的结果报告在表 7-4 中。从双重差分模型交互项（TreatPost）的系数来看，在散户投资者持股较高的组中更为明显，这与 H3 的预期一致。也即分行业信息披露，能显著降低小型非专业投资者的信息解读成本，减小认知偏差和分歧，提升定价效率。

表 7-4　分行业信息披露与资本市场定价效率：投资者构成

控制变量	（1）	（2）	（3）	（4）
	固定效应模型		OLS 回归	
	$Misp_{t+1}$	$Misp_{t+1}$	$Misp_{t+1}$	$Misp_{t+1}$
	散户投资者少	散户投资者多	散户投资者少	散户投资者多
TreatPost	−0.009	−0.009 **	−0.028	−0.030 ***
	（−0.92）	（−2.03）	（−1.40）	（−4.25）
Treat			0.019	0.030 ***
			（0.83）	（4.84）
Size	−0.098 ***	−0.105 ***	−0.062 ***	−0.122 ***
	（−33.73）	（−30.47）	（−10.51）	（−34.91）
Lev	0.315 ***	0.255 ***	0.238 ***	0.293 ***
	（14.43）	（18.52）	（4.48）	（17.19）
Roa	1.610 ***	0.688 ***	1.589 ***	1.175 ***
	（17.62）	（15.86）	（5.50）	（17.38）
Cash	0.117 ***	−0.014	0.213 **	0.052 ***
	（3.49）	（−1.35）	（2.64）	（3.51）
Grow	0.055 ***	0.014 ***	0.032	0.038 ***
	（4.43）	（3.96）	（1.57）	（8.38）
Indp	−0.015	−0.032 **	0.053	−0.002
	（−0.35）	（−2.36）	（1.01）	（−0.10）
Boar	0.022	0.023 ***	0.027	−0.002
	（1.61）	（4.33）	（1.12）	（−0.23）
Top1	0.007	−0.018	−0.147	0.022
	（0.34）	（−0.60）	（−1.54）	（0.96）
Listage	−0.015 ***	0.035 ***	−0.036	−0.012 ***
	（−3.45）	（5.86）	（−1.32）	（−2.93）
Dual	0.000	0.002	0.035 *	0.012 ***
	（0.05）	（0.48）	（2.05）	（2.59）

控制变量	(1)	(2)	(3)	(4)
	固定效应模型		OLS 回归	
	$Misp_{t+1}$	$Misp_{t+1}$	$Misp_{t+1}$	$Misp_{t+1}$
	散户投资者少	散户投资者多	散户投资者少	散户投资者多
Soe	−0.032***	−0.042***	−0.073***	−0.025***
	(−4.64)	(−3.93)	(−3.06)	(−3.00)
Const	2.650***	2.688***	2.001***	3.169***
	(37.24)	(21.59)	(10.77)	(43.10)
Year	Yes	Yes	Yes	Yes
Firm	Yes	Yes	No	No
Adj. R^2	0.579	0.408	0.543	0.570
N	11812	11272	11812	11272

注：*、**、***分别表示在 10%、5%、1%的水平上显著（双尾检验）；括号内为 T 值，标准误经过公司层面的聚类调整。

资料来源：笔者整理所得。

四、分行业信息披露与资本市场定价效率：稳健性检验

（一）更换错误定价衡量方式

基于稳健性的考虑，参考 Berger 等（1995）、Doukas 等（2010）的做法，采用相对估值法重新计算了资本市场错误定价程度指标（Misp1）。相对估值法，由 Berger 和 Ofek（1995）率先提出，在后续研究中也得到广泛的使用（Doukas 等，2010；游家兴和吴静，2012）。该方法是通过比较同行业内公司的市场价值和资产水平，从而推算公司基础价值；接着对公司实际价值与基础价值进行比较，估算出公司相对于业内同行的错误定价水平。计算公式如下：

$$misp1_{i,t} = Ln\left[Capital_{i,t}/Imputed(Capital_{i,t})\right]$$
$$= Ln\left[Capital_{i,t}/(Asset_i \times Ratio_i)\right] \tag{7-5}$$

在式（7-5）中，Capital 为公司总价值，用普通股市值与负债账面价值之和表示；公司基础价值 Imputed（Capital），由资产总额（Asset）和行业中各公司 Capital 与 Asset 之比的中位数之积（Ratio）表示，由此可得资本市场错误定价水平（misp1）。同时，根据资本市场错误定价的方向，区分高估组和低估组，用 MISP1 表示。在高估时（大于 0），MISP1 = misp1，值越大表示高估程度越严重；在低估时（小于 0），MISP1 = −misp1，同样值越大表示低估程度越严重。

MISP1 为正向指标，其值越大，表示错误定价程度越严重。

回归结果报告在表 7-5 中，从 TreatPost 的回归系数来看，仍显著为负。这表明在考虑使用不同的指标度量资本市场错误定价时，本章的结论依然保持稳健。

表 7-5 分行业信息披露与资本市场定价效率：更换错误定价度量方式

控制变量	（1）	（2）	（3）	（4）
	固定效应模型		OLS 回归	
	$Misp1_{t+1}$	$Misp1_{t+1}$	$Misp1_{t+1}$	$Misp1_{t+1}$
TreatPost	-0.020***	-0.020***	-0.037***	-0.030***
	(-2.87)	(-3.15)	(-4.48)	(-4.86)
Treat			-0.012	0.023***
			(-1.39)	(3.44)
Size		-0.097***		-0.114***
		(-21.88)		(-44.45)
Lev		0.174***		0.168***
		(11.17)		(11.16)
Roa		0.439***		0.662***
		(14.48)		(19.70)
Cash		-0.046***		0.014
		(-3.56)		(0.82)
Grow		0.000		0.003**
		(0.04)		(2.55)
Indp		-0.070		0.114**
		(-1.49)		(2.35)
Boar		0.020		0.018
		(1.23)		(1.16)
Top1		-0.000		-0.000
		(-1.50)		(-0.49)
Listage		0.045***		-0.007**
		(4.27)		(-2.11)
Dual		0.013**		0.010**
		(2.48)		(2.26)
Soe1		-0.025*		-0.021***
		(-1.85)		(-3.27)

续表

控制变量	（1）	（2）	（3）	（4）
	固定效应模型		OLS 回归	
	Misp1$_{t+1}$	Misp1$_{t+1}$	Misp1$_{t+1}$	Misp1$_{t+1}$
Const	0.697***	2.577***	0.791***	2.986***
	(12.14)	(22.01)	(39.93)	(45.45)
Year	Yes	Yes	Yes	Yes
Firm	Yes	Yes	No	No
Adj. R²	0.439	0.513	0.256	0.572
N	14075	14075	14075	14075

注：*、**、***分别表示在10%、5%、1%的水平上显著（双尾检验）；括号内为 T 值，标准误经过公司层面的聚类调整。

资料来源：笔者整理所得。

（二）平行趋势检验

上文的实证检验主要采用双重差分模型进行，而该方法的运用依赖于一个重要假设：如果没有发生政策冲击，那么实验组和控制组的变化趋势是平行的，也被称为平行趋势假设（Parallel Trend）。如果不满足这一前提，那么得出的估计结果将是有偏的。为了缓解对此的担忧，本章参考 Serfling（2016）的研究，利用分时段的动态效应来考察平行趋势假设的合理性。以公司受政策影响当年为基准划分时间段，并定义如下虚拟变量：在公司受到分行业信息披露政策影响的4年之前（≥4年），虚拟变量 Post（≤-4）取值为1，否则为0；在公司受到分行业信息披露政策影响前的第3年（仅含等于3），虚拟变量 Post（-3）取值为1，否则为0；公司受到分行业信息披露政策影响前的第2年（仅含等于2），虚拟变量 Post（-2）取值为1，否则为0；公司受到分行业信息披露政策影响前的第1年（仅含等于1），虚拟变量 Post（-1）取值为1，否则为0。同理，公司受到分行业信息披露政策影响的当年、第2年、第3年、第4年及之后的公司—年度观测值，相应虚拟变量 Post（1）、Post（2）、Post（3）、Post（≥4）取值为1，否则为0。同时，将 TreatPost（≤-4）记作 Cross_4，依次类推，定义 Cross_3、Cross_2、Cross_1、Cross1、Cross2、Cross3、Cross4。继而，通过观察 Cross_4 到 Cross4 变量的系数变化捕捉平均处理效应的时间趋势。

表7-6报告了相应的回归结果。可以发现，在分行业信息披露政策实施之前，处理组公司和控制组公司的资产定价偏误并无显著差异，而在分行业信息披露政策实施之后，处理组公司的资本市场定价效率现象相比于控制组公司有了显

著的降低（Cross1 到 Cross2 变量均显著为负）。处理效应之前，两组样本在资产定价偏误表现上的非显著性差异在一定程度上支持了平行趋势假定的合理性，缓解了采用 DID 估计方法有效性的担忧。

表 7-6　分行业信息披露与资本市场定价效率：平行趋势检验

控制变量	（1） $Misp_{t+1}$	（2） $Misp_{t+1}$
Cross_4	0.016 *	0.010
	（1.96）	（1.43）
Cross_3	0.017 ***	0.013 **
	（2.64）	（2.29）
Cross_2	−0.000	−0.002
	（−0.03）	（−0.52）
Cross_1	−0.016 ***	−0.015 ***
	（−5.47）	（−5.21）
Cross1	−0.027 ***	−0.027 ***
	（−4.51）	（−4.74）
Cross2	−0.023 ***	−0.019 **
	（−2.89）	（−2.50）
Cross3	−0.014	−0.001
	（−1.25）	（−0.07）
Cross4	−0.001	0.005
	（−0.08）	（0.77）
Control	Yes	Yes
Const	0.798 ***	2.625 ***
	（7.96）	（20.62）
Year	Yes	Yes
Firm	No	Yes
Adj. R^2	0.392	0.472
N	23107	23107

注：*、**、***分别表示在10%、5%、1%的水平上显著（双尾检验）；括号内为 T 值，标准误经过公司层面的聚类调整。

资料来源：笔者整理所得。

（三）安慰剂检验

此外，双重差分模型中政策冲击时间的非随机性也可能会影响估计结果。就本章而言，在分行业信息披露政策实施的同时可能还有其他的政策冲击存在。为了排除这一情况带来的估计偏差，本章参考刘瑞明等（2018）、黄俊威等（2020）的做法，将政策影响时点往前平推 2 期或 3 期，使用虚拟的冲击时间进行安慰剂检验。如果在虚拟冲击时点仍能发现显著结果，则说明本章得到的结论是有偏差的。

表 7-7 报告了平推后的安慰剂检验结果。从表中可以看出，无论是向前平推 2 期还是 3 期，TreatPost$_{t-2}$、TreatPost$_{t-3}$ 的系数均不显著。这表明上文的结论并非由其他随机因素所导致。反之，考虑政策冲击时点的非随机性因素后，本章的结论依然保持稳健。

表 7-7　分行业信息披露与资本市场定价效率：安慰剂检验

控制变量	（1）	（2）
	Misp$_{t+1}$	Misp$_{t+1}$
TreatPost$_{t-2}$	−0.007	
	（−1.24）	
TreatPost$_{t-3}$		−0.004
		（−0.75）
Size	−0.105***	−0.105***
	（−46.85）	（−46.89）
Lev	0.336***	0.336***
	（20.90）	（20.89）
Roa	1.605***	1.604***
	（22.39）	（22.37）
Cash	0.132***	0.132***
	（5.45）	（5.43）
Grow	0.083***	0.083***
	（7.86）	（7.86）
Indp	0.019	0.019
	（0.62）	（0.62）
Boar	0.002	0.001
	（0.16）	（0.13）
Top1	0.054***	0.054***
	（3.68）	（3.67）

续表

控制变量	(1)	(2)
	$Misp_{t+1}$	$Misp_{t+1}$
Listage	-0.014^{***}	-0.014^{***}
	(-3.45)	(-3.43)
Dual	0.007	0.007
	(1.30)	(1.28)
Soe	-0.013^{**}	-0.013^{**}
	(-2.33)	(-2.32)
Const	2.764^{***}	2.767^{***}
	(45.58)	(45.62)
Year	Yes	Yes
Firm	Yes	Yes
Adj. R^2	0.060	0.059
N	23107	23107

注：*、**、***分别表示在10%、5%、1%的水平上显著（双尾检验）；括号内为 T 值，标准误经过公司层面的聚类调整。

资料来源：笔者整理所得。

（四）PSM 匹配样本估计

沪深交易所交错推出分行业信息披露指引，为本章使用匹配样本估计排除选择性偏差带来的干扰提供了绝佳机会。针对上海证券交易所中纳入分行业信息披露范围的公司，从深圳交易所寻找同行业、未进入分行业信息披露政策范围的公司作为匹配样本。反之，深交所中纳入分行业信息披露范围的公司，从上交所寻找对应的匹配样本。具体地，在对应交易所同行业上市公司中，用1∶1最邻近匹配法寻找资产规模（Size）最接近的公司作为控制组样本。匹配后的样本进行回归的结果报告在表 7-8 中。从表中 TreatPost 系数来看，各列仍显著为负。这意味着使用 PSM-DID 方法在一定程度上控制样本选择性偏误后，本章的基本结果依然存在。

表 7-8　分行业信息披露与资本市场定价效率：PSM-DID

控制变量	(1)	(2)	(3)	(4)
	固定效应模型		OLS 回归	
	$Misp_{t+1}$	$Misp_{t+1}$	$Misp_{t+1}$	$Misp_{t+1}$
TreatPost	-0.044^{**}	-0.040^{***}	-0.044^{***}	-0.042^{***}
	(-2.50)	(-3.00)	(-4.09)	(-5.07)

续表

控制变量	(1)	(2)	(3)	(4)
	固定效应模型		OLS 回归	
	$Misp_{t+1}$	$Misp_{t+1}$	$Misp_{t+1}$	$Misp_{t+1}$
Treat			0.004	0.024***
			(0.45)	(3.23)
Size		−0.116***		−0.114***
		(−26.58)		(−21.93)
Lev		38.659***		31.606***
		(14.66)		(12.24)
Roa		1.754***		1.509***
		(15.66)		(15.84)
Cash		0.095**		0.063***
		(2.53)		(2.72)
Grow		0.062***		0.056***
		(3.94)		(7.78)
Indp		−0.014		−0.005
		(−0.31)		(−0.18)
Boar		0.005		0.017
		(0.32)		(1.54)
Top1		0.034		0.041
		(1.39)		(1.49)
Listage		−0.018***		−0.009
		(−3.10)		(−1.61)
Dual		0.007		0.009
		(0.89)		(1.43)
Soe		0.011		0.003
		(1.10)		(0.25)
Const	0.905***	2.981***	0.905***	2.944***
	(5.52)	(20.26)	(68.51)	(29.67)
Year	Yes	Yes	Yes	Yes
Firm	Yes	Yes	No	No
Adj. R^2	0.105	0.504	0.192	0.499

续表

控制变量	(1)	(2)	(3)	(4)
	固定效应模型		OLS 回归	
	$Misp_{t+1}$	$Misp_{t+1}$	$Misp_{t+1}$	$Misp_{t+1}$
N	5993	5993	5993	5993

注：*、**、***分别表示在10%、5%、1%的水平上显著（双尾检验）；括号内为 T 值，标准误经过公司层面的聚类调整。

资料来源：笔者整理所得。

第五节 分行业信息披露与资本市场定价效率：影响机制

一、分行业信息披露与信息可比性

《上市公司分行业信息披露指引》从行业特征与公司业务等多维度对上市公司应当履行的义务进行了规范，同时要求上市公司在常规性披露的基础上，增加经营性信息的披露，强化对行业经营关键指标的对比呈现，丰富信息披露内容。一方面，分行业信息披露将行业特点与信息披露紧密结合，可以规范同行业公司信息披露口径，增强信息披露的及时性、有效性和可比性，切实提高信息披露质量。另一方面，分行业信息披露要求上市公司充分披露可能影响投资者价值判断和投资决策所需的信息，并做到简明扼要、通俗易懂，方便市场投资者看得清、看得透，这将会大大降低投资者（尤其是小型非专业投资者）的信息处理和解读成本。降低投资者认知偏差，减弱其异质性信念，有助于形成更稳定、一致的理性预期。基于此，本节打算从会计信息可比性提升和投资者异质性信念降低两个维度出发进行机制分析。

事实上，财务报告中呈现的各种数字、指标本身提供的信息是十分有限的，面对独立、单一的信息，投资者往往很难做出正确的估值判断，而通过与同类信息的对比却能使其很容易地找到分析标的的价值定位，更全面地审视投资风险和价值，进而提升决策的准确性。这也是一直以来，可比性被作为会计信息质量要求的一项重要标准，被加以强调的原因。分行业信息披露突出强调上市公司在常规性披露的基础上，增加对公司所在行业、业务单元相关经营性信息的披露，强化对行业经营关键指标的对比呈现。这些规定使得投资者更容易进行对比分析，并形成更为深刻的认知，降低信息挖掘和解读成本，明晰公司投资价值定位，进而降低错误定价程度，提高定价效率。

为了进一步验证分行业信息披露通过提高会计信息可比性，进而缓解资本市场错误定价，参考 De Franco 等（2011）、Kim 等（2016）、方红星等（2017）、江轩宇等（2017）的研究，我们按照以下四个方法构建企业层面会计信息可比性指标：

（1）估算公司 i 和公司 j 的会计系统。分别利用公司 i 和 j 第 t 期前的连续 16 个季度数据对模型（7-6）进行回归估计，得到公司 i 和 j 的会计系统产出函数系数，即 $\hat{\alpha}_i$、$\hat{\beta}_i$ 与 $\hat{\alpha}_j$、$\hat{\beta}_j$：

$$Earnings_{it} = \alpha_i + \beta_i Return_{it} + \varepsilon_{it} \qquad (7-6)$$

在模型（7-6）中，被解释变量 $Earnings_{it}$ 为会计盈余（以季度净利润与期初权益市场价值比值计算），解释变量 $Return_{it}$ 为季度股票收益率。股票收益、会计盈余代表经济业务对公司的净影响和公司的会计信息。

（2）利用式（7-7）和式（7-8）分别计算相同经济业务（均为 $Return_{it}$）下，公司 i 和公司 j 的预期盈余。

$$E(Earnings)_{iit} = \hat{\alpha}_i + \hat{\beta}_i Return_{it} \qquad (7-7)$$

$$E(Earnings)_{ijt} = \hat{\alpha}_j + \hat{\beta}_j Return_{it} \qquad (7-8)$$

在公式（7-7）中，$E(Earnings)_{iit}$ 为第 t 期根据公司 i 的会计系统转换函数和公司 i 的股票收益率计算出的公司 i 的预期盈余；$E(Earnings)_{ijt}$ 则为第 t 期根据公司 j 的会计系统转换函数和公司 i 的股票收益率计算出的公司 j 的预期盈余。

（3）利用式（7-9）计算公司 i 和公司 j 的会计信息可比性。

$$CompAcct_{ijt} = -1/16 \times \sum_{t-15}^{t} \left| E(Earnings)_{iit} - E(Earnings)_{ijt} \right| \qquad (7-9)$$

在公式（7-9）中，$CompAcct_{ijt}$ 表示公司 i 和 j 之间的会计信息可比性，为两者预期盈余差异绝对值平均数的相反数。显然，$CompAcct_{ijt}$ 值越大，表示两者会计信息可比性越强。

（4）计算公司 i 的年度会计信息可比性。式（7-9）度量了两个公司 i 和 j 之间的会计信息可比性，为了计算公司 i 的年度会计信息可比性，需要将公司 i 与所属行业内该年度所有其他公司进行一一配对组合，分别计算每个组合的 CompAcct，并通过取均值或中位数的方法最终估算出该公司相对于同行业其他公司的年度会计信息可比性水平。

参考 Kim 等（2016）、方红星等（2017），计算了下列指标来表示企业层面的会计信息可比性：对行业内所有组合的 CompAcct 取均值和中位数，得到行业均值可比性指标 CompMn 及行业中位数可比性指标 CompMd；另外，根据 Cooper 和 Cordeiro（2008），投资者会经常选择行业内可比性最高的几家公司（4~6 家）作为参照来评估会计信息可比性，所以本章对行业内所有组合的 CompAcct 进行从大到小降序排列，取前 4 名的均值，得到行业前 4 名均值可比性指标 CompMn4。

相关的中介效应检验汇报在表 7-9 中。其中，第（1）和第（2）列为中介因子检验，用于考察分行业信息披露政策实施对公司会计信息可比性的影响；第（3）和第（4）列为包含中介因子的路径检验。结果发现，分行业信息披露实施后，企业会计信息可比性显著提升；随着会计信息可比性的提升，增加了信息披露质量，强化了公司间信息的对比呈现，进而缓解了资本市场定价效率现象。

表 7-9 分行业信息披露与资本市场定价效率：提高会计信息可比性

控制变量	(1)	(2)	(3)	(4)
	Compmn$_{t+1}$	Compmn4$_{t+1}$	Misp$_{t+1}$	Misp$_{t+1}$
	中介因子检验		包含中介因子的路径检验	
TreatPost	0.002***	0.000*	-0.023***	-0.017***
	(3.06)	(1.75)	(-5.20)	(-3.57)
Compmn			-0.434***	
			(-6.10)	
Compmn4				-0.455
				(-1.64)
Size	-0.006***	-0.002***	-0.095***	-0.091***
	(-14.98)	(-14.86)	(-28.01)	(-23.84)
Lev	-0.001	-0.001	0.228***	0.211***
	(-0.61)	(-1.42)	(15.52)	(13.15)
Roa	-0.098***	-0.024***	0.714***	0.697***
	(-17.97)	(-15.74)	(14.80)	(13.47)
Cash	-0.000	-0.002***	-0.131***	-0.107***
	(-0.04)	(-2.85)	(-7.85)	(-5.66)
Grow	0.002***	0.001***	0.000	-0.002
	(5.18)	(4.35)	(0.08)	(-0.43)
Indp	0.004**	0.000	0.139***	0.132***
	(2.01)	(0.27)	(9.38)	(8.30)

续表

控制变量	（1）	（2）	（3）	（4）
	Compmn$_{t+1}$	Compmn4$_{t+1}$	Misp$_{t+1}$	Misp$_{t+1}$
	中介因子检验		包含中介因子的路径检验	
Boar	−0.000	−0.000	0.041***	0.044***
	（−0.30）	（−1.47）	（7.30）	（7.16）
Top1	−0.025***	−0.008***	−0.006	0.023
	（−9.53）	（−11.37）	（−0.26）	（0.90）
Listage	0.014***	0.006***	−0.084***	−0.113***
	（11.86）	（13.11）	（−10.79）	（−11.86）
Dual	0.000	0.000*	0.014***	0.014***
	（0.20）	（1.89）	（3.08）	（2.71）
Soe	−0.002*	0.000	−0.060***	−0.053***
	（−1.83）	（1.37）	（−5.42）	（−4.39）
Const	0.066***	0.020***	2.626***	2.601***
	（5.92）	（6.13）	（29.69）	（27.26）
Year	Yes	Yes	Yes	Yes
Firm	Yes	Yes	Yes	Yes
Adj. R^2	0.106	0.063	0.074	0.059
N	15910	14014	15910	14014

注：*、**、***分别表示在10%、5%、1%的水平上显著（双尾检验）；括号内为 T 值，标准误经过公司层面的聚类调整。

资料来源：笔者整理所得。

二、分行业信息披露与投资者异质性信念

传统的资产定价理论假定投资者是完全理性且同质的，他们对公司估值的相关信息做出的反馈是一致的。然而，现实中由于投资者在情感、经历和投资技能等诸多方面的差异，使得他们对资产未来的收益和风险产生不同的预期，也即异质性信念（Hong 和 Stein，2007）。正是投资者异质性信念的集合而呈现出差异化的交易决策行为，最终导致会计信息的定价作用产生系统性差异，引致资本市场错误定价现象（Shefrin，2008）。分行业信息披露要求企业根据所在行业经营过程、模式特征等进行信息呈报。同时，针对关键性行业经营指标设置了具体披露标准，并需要实质性分析企业与同行公司在关键性指标上出现差异的原因。这些使投资者能更好地理解企业经营信息所传递的价值内涵，快速获悉公司相对价

值定位，形成更为稳定、一致的价值预期，降低主观定价的盲目性。

为了进一步验证分行业信息披露通过降低投资者异质性信念，进而缓解资本市场错误定价。参考于蔚等（2012）的做法，援用 Amihud 等（1997）、Amihud（2002）以及 Pastor 和 Stambaugh（2003）基于日频交易数据的方法来识别投资者的异质性信念。具体包括，非流动性比率指标（ILL）和收益率反转指标（GAM）。

$$ILL_{i,t} = \frac{1}{D_{i,t}} \sum_{k=1}^{D_{i,t}} \sqrt{\frac{|r_{i,t}(k)|}{V_{i,t}(k)}} \tag{7-10}$$

其中，$r_{i,t}(k)$ 表示 i 企业 t 年度中第 k 个交易日的股票收益率，$V_{i,t}(k)$ 表示日成交量，$D_{i,t}$ 表示 t 年度交易天数。该指标的基本思路是指投资者认知分歧越小、异质性信念越低，则股票单位成交量对应的价格变化越小。Pastor 和 Stambaugh（2003）认为，投资者对股票价格认知分歧越大，会对买卖指令流（Order flow）反应过度，在给定成交量不变时，定价信念分歧越大则收益率反转越大。因此，可以使用收益率反转衡量投资者对资产价格的认知分歧。收益率反转指标 GAM = $|\gamma_{i,t}|$，$\gamma_{i,t}$ 系数由下式估计得到：

$$r_{i,t}^{e}(k) = \alpha_{i,t} + \beta_{i,t} r_{i,t}(k-1) + \gamma_{i,t} V_{i,t}(k-1) sign[r_{i,t}^{e}(k-1)] + \varepsilon_{i,t}(k) \tag{7-11}$$

其中，$r_{i,t}^{e}(k) = r_{i,t}(k) - r_{m,t}(k)$ 为超额收益率，$r_{m,t}(k)$ 为按市值加权的综合收益率。Pastor 等（2003）认为，投资者对股票价格认知分歧越大，会对买卖指令流反应过度，在给定成交量不变时，定价信念分歧越大则收益率反转越大。因此，可以使用收益率反转衡量投资者对资产价格的认知分歧。

ILL 和 GAM 均为正向指标，值越大代表投资者认知分歧越大、异质性信念越强烈。得到的回归结果如表 7-10 所示，第（1）列为 ILL 指标的结果，第（2）列为 GAM 指标的结果。从第（1）和第（2）列分行业信息披露对投资者认知分歧、异质性信念的回归结果来看，TreatPost 的系数均在 1% 水平上显著为负，说明分行业信息披露政策实施有利于降低投资者的异质性信念。进一步地，第（3）和第（4）列路径分析结果发现，ILL 和 GAM 变量的系数均为正，且均在 1% 水平上显著。综合表 7-10 的结果，基本验证了分行业信息披露通过降低投资和异质性信念，缓解资本市场错误定价这一路径。

表 7-10　分行业信息披露与资本市场定价效率：降低异质性信念

控制变量	（1）	（2）	（3）	（4）
	ILL_{t+1}	GAM_{t+1}	$Misp_{t+1}$	$Misp_{t+1}$
	中介因子检验		包含中介因子的路径检验	
TreatPost	−1.134***	−0.006***	−0.029***	−0.032***
	（−3.68）	（−2.72）	（−3.72）	（−4.07）

续表

控制变量	(1)	(2)	(3)	(4)
	ILL_{t+1}	GAM_{t+1}	$Misp_{t+1}$	$Misp_{t+1}$
	中介因子检验		包含中介因子的路径检验	
ILL			0.003***	
			(8.21)	
GAM				0.193***
				(3.48)
Size	−2.718***	−0.016***	−0.052***	−0.057***
	(−34.16)	(−27.53)	(−20.61)	(−23.16)
Lev	2.567***	0.008	0.201***	0.210***
	(3.83)	(1.58)	(10.97)	(11.35)
Roa	−33.589***	−0.263***	1.518***	1.497***
	(−10.58)	(−11.41)	(18.18)	(17.63)
Cash	0.317	0.015**	0.193***	0.178***
	(0.30)	(1.99)	(7.09)	(6.50)
Grow	−3.497***	−0.014***	0.070***	0.063***
	(−5.92)	(−3.37)	(5.60)	(4.99)
Indp	−3.821**	−0.003	−0.007	−0.019
	(−2.45)	(−0.30)	(−0.20)	(−0.53)
Boar	−0.867*	−0.001	−0.032***	−0.034***
	(−1.85)	(−0.27)	(−2.78)	(−2.94)
Top1	3.749***	0.024***	−0.015	−0.011
	(6.12)	(5.45)	(−0.89)	(−0.63)
Listage	−1.748***	−0.005***	−0.017***	−0.026***
	(−8.41)	(−3.49)	(−3.46)	(−5.61)
Dual	−0.746	−0.002	0.029	0.028
	(−0.63)	(−0.23)	(1.03)	(0.97)
Soe	−0.824***	−0.006***	−0.037***	−0.036***
	(−3.81)	(−3.93)	(−5.76)	(−5.57)
Const	105.810***	0.543***	2.577***	2.692***
	(22.90)	(25.18)	(26.21)	(28.07)
Year	Yes	Yes	Yes	Yes
Firm	Yes	Yes	Yes	Yes

续表

控制变量	（1）	（2）	（3）	（4）
	ILL$_{t+1}$	GAM$_{t+1}$	Misp$_{t+1}$	Misp$_{t+1}$
	中介因子检验		包含中介因子的路径检验	
Adj. R^2	0.502	0.311	0.458	0.450
N	28470	28470	22815	22815

注：＊、＊＊、＊＊＊分别表示在 10%、5%、1%的水平上显著（双尾检验）；括号内为 T 值，标准误经过公司层面的聚类调整。

资料来源：笔者整理所得。

第六节　本章小结

资产定价是金融经济学研究的核心问题。本章利用沪深交易所交错推出上市公司分行业信息披露指引这一准自然实验，实证考察了分行业信息披露对资本市场错误定价的影响。研究结果显示，相比于未受分行业信息披露政策影响的公司，受影响的公司在政策实施后，估值偏误现象得到明显缓解。并且，这一缓释效应在信息透明度较低、散户投资者持股较多的公司中表现得更为明显。进一步的机制分析发现，分行业信息披露一方面可以通过增强信息披露质量，提高会计信息可比性；另一方面通过改善投资者信息认知，降低异质性信念；进而缓解错误定价程度，提升资本市场定价效率。这些结论表明，分行业信息披露带来的经营信息增量和同行业公司比较口径的规范，有助于提升信息透明度，降低投资者尤其是散户投资者的信息解读成本，缓解信息不对称。

从理论上来看，本章的研究丰富了资产定价效率影响因素、经营性信息披露与投资者认知信念等相关领域的研究文献。长期持续的错误定价给资本市场健康发展带来了巨大的阻碍，如何缓解错误定价一直是各类文献讨论的热点问题。然而，从信息披露模式变化和投资者信息解读成本视角考察资产定价偏误成因及其缓释效应的文献仍较少，本章为此提供了补充。此外，本章的研究结论也具有重要的实践意义。推进分行业信息披露是近年来资本市场信息披露制度改革的重要方向，然而目前却鲜有文献关注这一改革的实际效果。从投资者信息认知、市场定价效率的视角研究发现，分行业信息披露政策的实施能有效改善资本市场信息环境，提高投资者决策准确性，验证了政策的效果。因此，未来监管部门应持续深化这一改革，力争取得更大功效。

第八章　研究结论、建议与展望

　　信息是投资者在资本市场中进行定价决策的基础，信息披露质量的高低直接关乎市场定价的准确性与效率。因此，高质量的信息披露成为了提升资本市场定价效率的关键环节。

　　近年来，我国资本市场在不断深化改革的过程中，越来越注重信息披露的质量与效果，逐步树立起以信息披露为中心的监管理念，要求上市公司进行全面、及时的信息披露，更强调信息的真实性和有效性。真实性是信息披露的生命线，只有真实的信息才能帮助投资者做出正确的决策，维护市场的公平与公正。而有效性则要求披露的信息具有决策有用性，能够切实地服务于投资者的经济决策，促进资本市场的健康发展。为了进一步提升信息披露的针对性和实用性，我国资本市场积极探索并推进分行业信息披露制度。这一制度要求上市公司根据所在行业的特性和规范，进行更为详细和专业的信息披露。通过分行业信息披露，投资者能够更深入地了解不同行业的运营模式、竞争格局以及风险因素，从而做出更为精准的投资决策。此外，分行业信息披露的实施，使市场上的信息更加丰富和多元，投资者能够更全面地了解上市公司的经营状况和未来发展前景，进而减少信息不对称现象，提升资本市场的定价效率。以信息披露为中心的监管理念是我国资本市场改革的重要方向。在这一理念的指导下，我们将不断提升信息披露的真实性和有效性，积极推进分行业信息披露制度，以更好地服务于投资者的经济决策，促进资本市场的持续健康发展。

　　本章是对全书研究的总结。首先归纳主要研究结论，其次根据研究结论提出政策建议，最后指出本书研究尚存在的不足和未来研究方向。

第一节 研究结论

本书在回顾资本市场定价效率影响因素以及分行业信息披露制度相关研究文献的基础上，以信息披露功能发挥助力资本市场定价效率提升为逻辑起点，基于有效市场理论、信息不对称理论、委托代理理论等理论，尝试构建一个分行业信息披露影响资本市场定价效率的理论分析框架，并在此基础上，利用 A 股上市公司数据，从股价同步性、股价崩盘风险、盈余信息含量等视角出发，实证检验了分行业信息披露对资本市场定价效率的影响。得出了以下五个主要结论：

（1）从理论分析来看，分行业信息披露对资本市场定价效率具有显著影响。信息披露作为资本市场的核心环节，其质量直接关系到市场参与者的决策效果及市场的整体运行效率。分行业信息披露通过细化披露标准、提高信息的相关性和针对性，为投资者提供了更为清晰、准确的公司运营与财务状况视图。这种披露方式不仅有助于投资者更好地理解公司业务模式和行业特点，还能降低信息解读成本，从而提高投资决策的准确性和效率。此外，分行业信息披露的推广和应用，实质上是对资本市场信息环境的优化和升级。它要求上市公司按照行业特性和规范进行信息披露，这在一定程度上遏制了信息的不对称性和操纵行为，增强了市场的公平性和透明度。这种透明度的提升，有助于形成更为合理、有效的市场价格，进而促进资本市场定价效率的整体提升。

（2）就增量信息而言，本书发现分行业信息披露为公司带来了显著的增量信息，提升了资本市场的信息总量，这些信息在资本市场中起到了至关重要的作用。具体而言，分行业信息披露通过提供更多与公司经营相关的细节和背景，使投资者能够更全面地了解公司的运营状态和未来发展趋势。这种增量信息的注入，有效降低了股价的同步性，即公司股价与市场整体波动的关联度。股价同步性的降低，意味着公司股价更多地反映了其自身的特质性信息，而非市场整体或行业的共性因素。这一变化对于资本市场的健康发展具有重要意义，因为它促进了价格发现的过程，使股价能够更准确地反映公司的真实价值。同时，这也为投资者提供了更多的投资机会和策略选择，有助于提升市场的活跃度和流动性。

（3）基于信息披露真实性的视角，本书的实证研究表明，分行业信息披露在增强信息真实性方面发挥了积极作用，进而对股价崩盘风险产生了显著影响。通过实施更为严格的行业披露标准，上市公司被要求提供更真实、可靠的经营信息，这在一定程度上抑制了公司的信息操纵行为。当公司信息披露的真实性得到提升时，投资者能够更准确地评估公司的财务状况和经营风险，从而做出更为理性的投资决策。这种真实性的增强，有助于降低股价崩盘的风险。因为当市场信息被充分、真实地披露时，投资者对于公司的预期将更为一致和稳定，从而减少了由于信息不对称或误导性信息引发的市场恐慌和过度反应。因此，分行业信息披露通过提高信息的真实性，为资本市场的稳定运行提供了有力保障。

（4）基于信息披露可信赖的视角，本书通过实证研究发现，分行业信息披露能够显著增强盈余信息的可信赖度，进而提升盈余信息的含量。盈余信息是投资者评估公司价值的重要依据之一。分行业信息披露要求上市公司按照行业特点和规范进行财务报告的编制和披露，这提高了盈余信息的透明度和可比性。当盈余信息的可信赖度得到提升时，投资者能够更为信赖这些信息，并将其作为投资决策的重要依据。这种信赖度的提升不仅有助于投资者做出更为准确的预测和判断，还能促进公司信息披露质量的整体提升。同时，盈余信息含量的增加也为投资者提供了更多的决策有用信息，有助于他们更全面地了解公司的盈利能力和发展前景，进而提高资本市场定价效率。

（5）综合前述分析，本书得出并实证检验分行业信息披露与资本市场定价效率的关系。研究发现，分行业信息披露通过提供增量信息、增强信息真实性和可信赖度等显著提升了资本市场的定价效率，有效缓解了错误定价现象。具体而言，分行业信息披露的推广和实施促进了市场信息的充分披露和有效传递，使投资者能够基于更为全面、准确的信息进行投资决策。这种决策环境的改善有助于形成更为合理、有效的市场价格机制，从而提高了资本市场的定价效率。同时，通过降低信息不对称性和减少误导性信息的传播，分行业信息披露还有助于提高资本市场的信息透明度和运作效率，为市场的健康发展提供了有力支持。

总体而言，本书的研究结果表明分行业信息披露在提升资本市场定价效率、信息效率等方面发挥了积极作用。未来监管部门应继续深化这一改革举措的推广和实施力度，以进一步完善资本市场的信息披露制度并提高其运行效率。同时投资者也应充分利用分行业信息披露所带来的信息优势做出更为明智的投资决策，以促进自身财富的增长和资本市场的繁荣发展。

第二节　政策建议

基于前文的研究结果，提出以下四个政策建议：

一、提升企业信息披露质量与透明度

分行业信息披露的细致化和专业化能够更精确地反映企业的运营状况和行业特征，进而促进资本市场定价的准确性与效率。为了实现这一目标，企业应建立完善且符合行业特点的信息披露制度，确保所披露信息的准确性、及时性和完整性。这不仅包括财务数据的透明，还涉及企业战略、风险管理和市场前景等非财务信息的充分揭示。但同时，企业也应加强对敏感信息的保护，通过合理的信息披露策略和时间点选择，防止信息泄露或不当解读导致的市场异常波动。这不仅有助于维护市场的稳定，也能保护投资者利益，促进资本市场的健康发展。

理论上，高质量的信息披露能够减少投资者与企业之间的信息不对称，使投资者能够基于更全面的信息做出理性的投资决策。在分行业信息披露的框架下，这种信息对称性的提升尤为关键，因为它能够帮助投资者更准确地理解不同行业的商业模式、盈利驱动因素和潜在风险，从而提高资本配置的效率和效果。通过持续提高信息披露质量，企业能够树立自身在市场上的良好形象，展示其诚信和透明度，这有助于增强投资者的信任，进而提升企业的市场价值和竞争力。因此，在分行业信息披露与资本市场定价效率的紧密关系中，企业应积极作为，不断优化其信息披露实践，以实现与资本市场的良性互动和共赢发展。

二、引导企业自愿性信息披露

分行业信息披露不仅是交易所一线监管的创新实践，更在提升资本市场信息透明度方面发挥重要作用。通过实施这一制度，不仅大幅增加了资本市场上的信息披露总量，为投资者提供了更为丰富、全面的决策参考，同时也有效推动了交易所自律监管体系的完善与发展。这一举措不仅强化了交易所对市场主体行为的监督与引导，更在维护市场秩序、保障投资者权益等方面展现了积极成效，成为促进资本市场健康、稳定发展的重要力量。因此，除了法定的强制性信息披露外，监管部门还应积极引导和激励企业进行自愿性信息披露。自愿性信息披露不仅是企业主动向市场提供更多、更深入信息的方式，还是一种展示企业透明度与诚信的有效手段。特别是在分行业信息披露的背景下，自愿性披露可以更加细致地展现企业的行业特性、竞争优势以及潜在风险，从而帮助投资者做出更为精准的投资决策。

三、加强信息披露监管，提升市场定价效率

资产定价和资源配置是资本市场的两大基本功能，利用股票价格引导资源配置是资本市场运行的内在机制。而信息是资本市场定价决策的基础，为提高资本

市场的定价效率，监管部门必须下大力气加强对企业信息披露的监管。这意味着，监管部门需要定期、全面地审查和评估企业的信息披露状况，确保其严格遵守既定的信息披露规则，从而向市场传递真实、准确的信息。同时，一旦发现有企业违反信息披露规定，监管部门必须及时出手，依法给予严厉的惩戒，这不仅是对违规企业的惩罚，更是对市场公平与正义的坚决维护。通过这样强有力的信息披露监管措施，我们可以有效地减少市场上的信息不对称现象，使投资者能够基于更为全面、真实的信息做出投资决策。长远来看，这将大大提升资本市场的整体定价效率，促进市场的健康、稳定发展。

四、建立分行业信息披露标准与规范

鉴于不同行业在信息披露方面存在的差异性和特殊性，应建立分行业的信息披露标准与规范。这些标准和规范应根据各行业的经营特点、风险状况和投资者需求等因素制定，以确保信息披露的针对性和有效性。同时，还应定期对信息披露标准与规范进行更新和调整，以适应行业发展的变化和市场需求的变化。在分行业信息披露制度下，监管部门应加强对各行业信息披露的监管与指导。这包括对各行业信息披露情况进行定期检查和评估，及时发现并纠正存在的问题和不足。同时，监管部门还应为各行业提供必要的信息披露指导和支持，帮助企业更好地理解和遵守相关信息披露规则和要求。通过加强分行业信息披露监管与指导，可以进一步提升各行业的信息披露质量和水平，从而提高整个资本市场的定价效率。

第三节　研究不足与展望

随着资本市场的不断发展，信息披露在其中的作用日益凸显。分行业信息披露作为一种新兴的信息披露模式，其对于资本市场定价效率的影响备受关注。本书旨在探讨分行业信息披露与资本市场定价效率之间的关系，但本书的研究可能尚存在以下三个不足之处，需要后续的研究进一步拓展完善：

一、在理论分析方面

本书在探讨分行业信息披露对资本市场定价效率的影响时，主要基于有效市场假说、信息不对称理论等经典理论，而忽视了其他可能的重要因素。例如，市场参与者的认知能力、信息处理能力以及市场情绪等都可能对定价效率产生显著

影响。在解释分行业信息披露对资本市场定价效率影响时，对于分行业信息披露的特殊性及其对市场定价机制的具体影响的研究显得不够深入。未来研究可进一步拓展理论基础，结合行为金融学、市场微观结构等理论，更全面地揭示分行业信息披露的作用机理。

二、在指标和模型构建方面

本书实证考察了分行业信息披露对股价同步性、股价崩盘风险、盈余信息含量以及资本市场定价效率等的影响，涉及股价同步性、股价崩盘风险、盈余信息含量、资产错误定价等指标的计算。资产错误定价是建立在正确估计内在价值、真实价值基础上的，但对企业内在价值的准确估量，仍然面临诸多困难，难以避免在估算真实或内在价值时出现的偏误。此外，本书对于分行业信息披露制度的衡量是以年报信息披露中是否遵循《上市公司行业信息披露指引》为依据，只涉及披露与否，对披露内容的具体信息未进行详细分类和考察。未来研究可尝试构建包含信息披露质量、及时性、可比性等多维度的综合指标体系，以更准确地刻画分行业信息披露的特征。

三、在实现形式方面

为了考察分行业信息披露对资本市场定价效率的影响，本书从分行业信息披露的具体实践出发，从分行业信息披露提供增量信息、增强信息披露真实性和可信赖性的视角，考察了分行业信息披露对资本市场定价偏误的影响。但事实上，资本市场定价效率的评价是多维度、宽泛的概念，尽管本书的研究尝试结合各种方法，从多个维度进行论述，但难免仍有不足之处。后续的研究可以从其他不同维度拓展资本市场定价效率的测度。

参考文献

［1］ Altamuro J, Beatty A. How does Internal Control Regulation Affect Financial Reporting? ［J］. Social Ence Electronic Publishing, 2010, 49 (1): 58-74.

［2］ Amihud Y. Illiquidity and Stock Returns: Cross-section and Time-series Effects ［J］. Journal of Financial Markets, 2002, 5 (1): 31-56.

［3］ An H, Zhang T. Stock Price Synchronicity, Crash Risk, and Institutional Investors (Article) ［J］. Journal of Corporate Finance, 2013, 21 (1): 1-15.

［4］ Ayres D, Huang X S, Myring M. Fair Value Accounting and Analyst Forecast Accuracy ［J］. Advances in Accounting, 2017 (37): 58-70.

［5］ Ayres D R, Campbell J L, Chyz J A, Shipman J E. Do Financial Analysts Compel Firms to Make Accounting Decisions? Evidence from Goodwill Impairments ［J］. Review of Accounting Studies, 2019, 24 (4): 1214-1251.

［6］ Ball R, Shivakumar L. The Role of Accruals in Asymmetrically Timely Gain and Loss Recognition ［J］. Journal of Accounting Research, 2006, 44 (2): 207-242.

［7］ Beaver W H. The Information Content of Annual Earnings Announcement ［J］. Journal of Accounting Research, 1968 (6): 1149-1153.

［8］ Berger P G, Ofek E. Diversification's Effect on Firm Value ［J］. Journal of Financial Economics, 1995, 37 (1): 39-65.

［9］ Berkman H, Dimitrov V, Jain P C, et al. Sell on the News: Differences of Opinion, Short-Sales Constraints, and Returns Around Earnings Announcements ［J］. Journal of Financial Economics, 2009, 92 (3): 376-399.

［10］ Bertrand M, Mullainathan S. Enjoying the Quiet Life? Corporate Governance and Managerial Preferences ［J］. Journal of Political Economy, 2003, 111 (5): 1043-1075.

［11］ Biddle G C, Hilary G. Accounting Quality and Firm-Level Capital Investment ［J］. The Accounting Review, 2006 (81): 963-982.

［12］ Boehmer E and Wu J. Short Selling and the Price Discovery Process ［J］. Review of Financial Studies, 2013, 26 (2): 287-322.

［13］ Bushee B J, Core J E, Guay W, & Hamm S J. The Role of the Business Press as an Information Intermediary ［J］. Journal of Accounting Research, 2010, 48 (1): 1-19.

［14］ Callen J L, Fang X. Institutional Investor Stability and Crash Risk: Monitoring Versus Short-Termism? ［J］. Journal of Banking & Finance, 2013, 37 (8): 3047-3063.

［15］ Callen J L, Fang X. Religion and Stock Price Crash Risk ［J］. Journal of Financial and Quantitative Analysis, 2015, 50 (1-2): 169-195.

［16］ Campbell J Y, Hentschel L. No News is Good News: An Asymmetric Model of Changing Volatility in Stock Returns ［J］. Journal of Financial Economics, 1992, 31 (3): 281-318.

［17］ Cao C, Xia C, Chan K C. Social Trust and Stock Price Crash risk: Evidence from China ［J］. International Review of Economics & Finance, 2016 (46): 148-165.

［18］ Chang X, Dasgupta S, Hilaey G. Analyst Coverage and Financing Decisions ［J］. Journal of Finance, 2006, 61 (6): 3009-3048.

［19］ Chan K, Hameed A. Stock Price Synchronicity and Analyst Coverage in Emerging Markets ［J］. Journal of Financial Economics, 2006, 80 (1): 115-147.

［20］ Chen C, Lu H, Sougiannis T. The Agency Problem, Corporate Governance, and the Asymmetrical Behavior of Selling, General, and Administrative Costs ［J］. Contemporary Accounting Research, 2012, 29 (1): 252-282.

［21］ Cheng B, Ioannou I, Serafeim G. Corporate Social Responsibility and Access to Finance ［J］. Strategic Management Journal, 2014, 35 (1): 1-23.

［22］ Chen J, Chan K C, Dong W, Zhang F, Harper J., Johnson G., Sun L., Li W, Han Y, He J, Gu X, Xin Y, and Xu L. Internal Control and Stock Price Crash Risk: Evidence from China ［J］. European Accounting Review, 2017, 26 (1): 125-152.

［23］ Chen J, Hong H and Stein J C. Forecasting Crashes: Trading Volume, Past Returns and Conditional Skewness in Stock Prices ［J］. Journal of Financial Economics, 2001, 61 (3): 345-381.

［24］ Chen Q, Chen X, Schipper K, Xu Y, Xue J. The Sensitivity of Corporate Cash Holdings to Corporate Governance ［J］. The Review of Financial Studies, 2012,

25 (12): 3610-3644.

[25] Chen S, Sun Z, Tang S, and Wu D. Government Intervention and Investment Efficiency: Evidence from China [J]. Journal of Corporate Finance, 2011, 17 (2): 259-271.

[26] Choi S, Choi W Y. Effects of Limited Attention on Investors' Trading Behavior: Evidence from Online Ranking Data [J]. Pacific – Basin Finance Journal, 2019, 56 (2): 273-289.

[27] Dechow P M, Sloan R G, Hutton A P. Detecting Earnings Management [J]. The Accounting Review, 1995, 70 (2): 193-225.

[28] DeFond M L, Hung M, Li S, Li Y, Hsu F-J, Chen S-H, Zhao R, Luo Y, Zhang C. Does Mandatory IFRS Adoption Affect Crash Risk? [J]. Accounting Review, 2015, 90 (1): 265-299.

[29] De Franco G, Kothari S P, Verdi R S. The Benefits of Financial Statement Comparability [J]. Journal of Accounting Research, 2011, 49 (4): 895-931.

[30] Dong M, Hirshleifer D, Teoh S H. Misvaluation and Corporate Inventiveness [J]. Journal of Financial and Quantitative Analysis, 2020 (1): 1-46.

[31] Doukas J A, Kim C, Pantzalis C. Arbitrage Risk and Stock Mispricing [J]. Journal of Financial and Quantitative Analysis, 2010, 45 (4): 907-934.

[32] Doyle J T, Ge W, Mcvay S. Accruals Quality and Internal Control over Financial Reporting [J]. Accounting Review, 2007, 82 (5): 1141-1170.

[33] Drienko J Sault S J Von Reibnitz A H. Company Responses to Exchange Queries in Real Time [J]. Pacific – Basin Finance Journal, 2014, 45 (10): 116-141.

[34] Engelberg J E, Parsons C A. The Causal Impact of Media in Financial Markets [J]. Journal of Finance, 2011, 66 (1): 67-97.

[35] Engelberg J. David M R, Pontiff J. Anomalies and News [J]. Journal of Finance, 2018, 73 (5): 1971-2001.

[36] Fama Eugene F. Market Efficiency, Long – term Returns, and Behavioral Finance [J]. Journal of Financial Economics, 1998, 49 (3): 283-306.

[37] Fan J P, Guan F, Li Z, Yang Y G. Relationship Networks and Earnings Informativeness: Evidence from Corruption Cases [J]. Journal of Business Finance & Accounting, 2014, 41 (7-8): 831-866.

[38] Fan J P H, Wong T J. Corporate Ownership Structure and the Informativeness of Accounting Earnings in East Asia [J]. Journal of Accountiong and Economics,

2002, 33 (3): 401-425.

[39] Ferreira M A, Laux P A. Corporate Governance, Idiosyncratic Risk, and Information Flow [J]. The Journal of Finance, 2007, 62 (2): 951-989.

[40] Francis J and Katherine S. Earnings Management: Emerging Insights in Theory, Practice, and Research [J]. Accounting Review, 2011, 86 (6): 2193-2196.

[41] Francis J R, Pinnuck M L, Watanabe O. Auditor Style and Financial Statement Comparability [J]. Accounting Review, 2014, 89 (2): 605-633.

[42] Francis J R, Wang D. The Joint Effect of Investor Protection and Big 4 Audits on Earnings Quality around the World [J]. Contemporary Accounting Research, 2008, 25 (1): 157-191.

[43] Franco G D, Kothari S P, Verdi R S. The Benefits of Financial Statement Comparability [J]. Journal of Accounting Research, 2011, 49 (4): 895-931.

[44] Frankel R, Lee C M C. Accounting Valuation, Market Expectation, and Cross-Sectional Stock Returns [J]. Journal of Accounting & Economics, 1998, 25 (3): 283-319.

[45] Gul F A, Kim J, Qiu A A. Ownership Concentration, Foreign Shareholding, Audit Quality, and Stock Price Synchronicity: Evidence from China [J]. Journal of Financial Economics, 2010, 95 (3): 425-442.

[46] Habib A, Hasan M M, Jiang H, Harper J, Johnson G, Sun L, Jebran K, Chen S, Zhang R, Abedifar P, Li M, Johnson, D. Stock Price Crash Risk: Review of the Empirical Literature [J]. Accounting and Finance, 2018 (2): 211-251.

[47] Haggard K S X M, Martin and Pereira R. Does Voluntary Disclosure Improve Stock Price Informativeness? [J]. Financial Management, 2008, 37 (4): 747-768.

[48] He G. The Effect of CEO Inside Debt Holdings on Financial Reporting Quality [J]. Review of Accounting Studies, 2015 (20): 501-536.

[49] Hong H, Stein J C. Disagreement and the Stock Market [J]. Journal of Economic Perspectives, 2007, 21 (2): 109-128.

[50] Hong H, Stein J C. Differences of Opinion, Short-Sales Constraints, and Market Crashes [J]. Review of Financial Studies, 2003, 16 (2): 487-525.

[51] Hou K, Mathijs A, Van D, Zhang Y. The Implied Cost of Capital: A New Approach [J]. Journal of Accounting and Economics, 2012, 53 (3): 504-526.

[52] Huber J and Kirchler M. The Impact of Instructions and Procedure on Re-

ducing Confusion and Bubbles in Experimental Asset Markets [J]. Experimental Economics, 2012, 15 (1): 89-105.

[53] Hutton A P Marcus A J Tehranian H. Opaque Financial Reports, R2, and Crash Risk [J]. Journal of Financial Economics, 2009, 94 (1): 67-86.

[54] Jensen M C and Meckling W H. Theory of the firm: Managerial Behavior, Agency Costs and Ownership Structure [J]. Economics Social Institutions, 1976, 3 (4): 305-360.

[55] Jiang F, Qi X, Tang G. Q-theory, Mispricing, and Profitability Premium: Evidence from China [J]. Journal of Banking & Finance, 2017 (87): 135-149.

[56] Jin L and Myers S C. R2 Around the World: New Theory and New Tests [J]. Journal of Financial Economics, 2006, 79 (2): 257-292.

[57] Jung J H, Kumar A, Lim S S, Yoo C Y. An Analyst by any Other Surname: Surname Favorability and Market Reaction to Analyst Forecasts [J]. Journal of Accounting and Economics, 2019, 67 (2-3): 306-335.

[58] Jung M J, Keeley J H, Ronen J. The Predictability of Analyst Forecast Revisions [J]. Journal of accounting, auditing & finance, 2019, 34 (3): 434-457.

[59] Kimbrough M D, Wang I Y. Are Seemingly Self-serving Attributions in Earnings Press Releases Plausible? Empirical Evidence [J]. Accounting Review, 2014, 89 (2): 635-667.

[60] Kim C, Wang K, Zhang L. Readability of 10-K Reports and Stock Price Crash Risk [J]. Contemporary Accounting Research, 2019, 36 (2): 1184-1216.

[61] Kim J B, Zhang L. Accounting Conservatism and Stock Price Crash Risk: Firm-Level Evidence [J]. Contemporary Accounting Research, 2016, 33 (1): 412-441.

[62] Kim J B, Li Y and Zhang L. CFOs Versus CEOs: Equity Incentives and Crashes [J]. Journal of Financial Economics, 2011, 101 (3): 713-730.

[63] Kim J-B, Li B, Liu Z. Information-Processing Costs and Breadth of Ownership [J]. Contemporary Accounting Research, 2019, 36 (4): 2408-2436.

[64] Kim J B, Li L, Lu L Y, Yu Y. Financial Statement Comparability and Expected Crash Risk [J]. Journal of accounting & economics, 2016, 61 (2-3): 294-312.

[65] Kim J B, Zhang L. Financial Reporting Opacity and Expected Crash Risk: Evidence from Implied Volatility Smirks [J]. Contemporary Accounting Research,

2014, 31 (3): 851-875.

[66] Kim O, Verrecchia R E. Market Liquidity and Volume around Earnings Announcements [J]. Journal of Accounting & Economics, 1994, 17 (1-2): 41-67.

[67] Kothari S P, Leone A J, Wasley C E. Performance Matched Discretionary Accrual Measures [J]. Journal of Accounting and Economics, 2005, 39 (1): 163-197.

[68] Kothari S P Laguerre T E Leone A J Alam A Uddin, M Yazdifar H Chung H S H Hillegeist S A Park Y-I Lorca P Andrés J. Capitalization Versus Expensing: Evidence on The Uncertainty of Future Earnings From Capital Expenditures Versus R&D Outlays [J]. Review of Accounting Studies, 2002, 7 (4): 355-382.

[69] Leuz C, Nanda D, Wysocki P D. Earnings Management and Investor Protection: An International Comparison [J]. Journal of Financial Economics, 2002, 69 (3): 505-527.

[70] Liu L, Tian G G. Mandatory CSR Disclosure, Monitoring and Investment Efficiency: Evidence from China [J]. Accounting and Finance, 2021, 61 (1): 595-644.

[71] Liu M H. Analysts' Incentives to Produce Industry-Level versus Firm-Specific Information [J]. Journal of Financial and Quantitative Analysis, 2011, 46 (3): 757-784.

[72] Li X, Wang S S and Wang X. Trust and Stock Price Crash Risk: Evidence from China [J]. Journal of Banking & Finance, 2017 (76): 74-91.

[73] Morck R, Yeung B, Yu W. The information Content of Stock Markets: Why do Emerging Markets Have Synchronous Stock Price Movements? [J]. Journal of Financial Economics, 2000, 58 (1): 215-260.

[74] Mullainathan S, Shleifer A. The Market for News [J]. American Economic Review, 2005, 95 (4): 1031-1053.

[75] Ohlson J A. Earnings, Book Values, and Dividends in Equity Valuation [J]. Contemporary Accounting Research, 1995, 11 (2): 661-687.

[76] Pastor L, Robert F S. Liquidity Risk and Expected Stock Returns [J]. Journal of Political Economy, 2003, 111 (3): 642-685.

[77] Petra S T. The Effects of Corporate Governance on the Informativeness of Earnings [J]. Economics of Governance, 2007, 8 (2): 129-152.

[78] Pevzner M, Xie F, Xin X. When Firms Talk, do Investors Listen? The Role of Trust in Stock Market Reactions to Corporate Earnings Announcements

［J］. Journal of Financial Economics，2015，117（1）：190-223.

［79］Piotroski J D，Wong T J and Zhang T. Political Incentives to Suppress Negative Information：Evidence from Chinese Listed Firms［J］. Journal of Accounting Research，2015，53（2）：405-459.

［80］Roll R. R-Squared［J］. Journal of Finance，1988，43（2）：541-566.

［81］Serfling M. Firing Costs and Capital Structure Decisions［J］. Journal of Finance，2016，71（5）：2239-2285.

［82］Shefrin H. Risk Return in Behavioral SDF－Based Asset Pricing Models［J］. Journal of Investment Management，2008，6（3）：1-18.

［83］Tan H，Wang E Y，Yoo G. Who Likes Jargon？The Joint Effect of Jargon Type and Industry knowledge on Investors' Judgments［J］. Journal of Accounting and Economics，2019，67（2-3）：416-437.

［84］Xu Y，Malkiel B G. Investigating the Behavior of Idiosyncratic Volatility［J］. The Journal of Business，2003，76（4）：613-645.

［85］Yu M. Analyst Recommendations and Corporate Governance in Emerging Markets［J］. International Journal of Accounting and Information Management，2011，19（1）：34-52.

［86］Zhai H Y，Lu M T，Shan Y W. Key Audit Matters and Stock Price Synchronicity：Evidence from a Quasi-natural Experiment in China［J］. International Review of Financial Analysis，2021（75）：101747.

［87］蔡春，黄昊，赵玲. 高铁开通降低审计延迟的效果及机制研究［J］. 会计研究，2019（6）：75-86.

［88］陈冬华，姚振晔. 政府行为必然会提高股价同步性吗？——基于我国产业政策的实证研究［J］. 经济研究，2018，53（12）：112-128.

［89］陈菁，汪伟，路军伟. 信息披露一线监管模式变更与审计师定价决策［J］. 当代会计评论，2022，15（3）：79-100.

［90］陈俊，张传明. 操控性披露变更、信息环境与盈余管理［J］. 管理世界，2010（8）：181-183.

［91］陈钦源，马黎珺，伊志宏. 分析师跟踪与企业创新绩效——中国的逻辑［J］. 南开管理评论，2017（3）：15-27.

［92］陈蓉，吴宇翔. 流动性与崩盘风险：基于中国 A 股市场的研究［J］. 管理科学，2019，32（5）：129-138.

［93］陈胜蓝，马慧. 卖空压力与公司并购——来自卖空管制放松的准自然实验证据［J］. 管理世界，2017（7）：142-156.

［94］陈宋生，杨培培．信息化水平与盈余反应系数关系研究——剔除光环效应的经验证据［J］．中国会计评论，2013（2）：187-202．

［95］陈蔚恒，李杲．深市公司执行行业信息披露指引情况研究［J］．证券市场导报，2018（11）：60-65．

［96］陈运森，邓祎璐，李哲．非处罚性监管具有信息含量吗？——基于问询函的证据［J］．金融研究，2018（4）：159-175．

［97］褚剑，方军雄．政府审计的外部治理效应：基于股价崩盘风险的研究［J］．财经研究，2017（4）：133-144．

［98］丁慧，吕长江，黄海杰．社交媒体、投资者信息获取和解读能力与盈余预期——来自"上证 e 互动"平台的证据［J］．经济研究，2018（1）：153-168．

［99］杜亚飞，杨广青，陈书涵．经营分部信息披露对企业现金流的影响研究［J］．华东经济管理，2023，37（5）：85-95．

［100］方红星，金玉娜．高质量内部控制能抑制盈余管理吗？——基于自愿性内部控制鉴证报告的经验研究［J］．会计研究，2011（8）：53-60．

［101］方红星，孙鹏，全韵韵．公司特征，外部审计与内部控制信息的自愿披露——基于沪市上市公司 2003~2005 年年报的经验研究［J］．会计研究，2009（10）：44-52．

［102］方军雄，伍琼，傅颀．有限注意力、竞争性信息与分析师评级报告市场反应［J］．金融研究，2018（7）：193-206

［103］何贤杰，王孝钰，孙淑伟，朱红军．网络新媒体信息披露的经济后果研究——基于股价同步性的视角［J］．管理科学学报，2018（6）：48-64．

［104］胡元木，刘佩，纪端．技术独立董事能有效抑制真实盈余管理吗？——基于可操控 R&D 费用视角［J］．会计研究，2016（3）：29-35+95．

［105］黄昊，赵玲．分行业信息披露、同侪压力与企业税收遵从——基于准自然实验的研究［J］．当代财经，2021（5）：40-51．

［106］黄昊，赵玲．分行业信息披露与审计质量——基于一项"准自然实验"的研究［J］．审计研究，2023（3）：136-147．

［107］黄俊，郭照蕊．新闻媒体报道与资本市场定价效率——基于股价同步性的分析［J］．管理世界，2014（5）：121-130．

［108］黄俊威，龚光明．融资融券制度与公司资本结构动态调整——基于"准自然实验"的经验证据［J］．管理世界，2019（10）：64-81．

［109］江轩宇，申丹琳，李颖．会计信息可比性影响企业创新吗［J］．南开管理评论，2017，20（4）：82-92．

［110］江轩宇，许年行．企业过度投资与股价崩盘风险［J］．金融研究，2015（8）：145-162.

［111］姜付秀，石贝贝，马云飙．董秘财务经历与盈余信息含量［J］．管理世界，2016（9）：161-173.

［112］金宇超，靳庆鲁，李晓雪．资本市场注意力总量是稀缺资源吗？［J］．金融研究，2017（10）：162-177

［113］孔东民，孔高文，刘莎莎．机构投资者、流动性与信息效率［J］．管理科学学报，2015（3）：1-15.

［114］李科，徐龙炳，朱伟骅．卖空限制与股票错误定价——融资融券制度的证据［J］．经济研究，2014（10）：165-178.

［115］李青原，王露萌．会计信息可比性与公司避税［J］．会计研究，2019（9）：56-65.

［116］李世辉，安祉威，孙论．分行业信息披露与非金融企业影子银行化——基于多时点双重差分法的验证［J］．财经理论与实践，2024，45（6）：85-93.

［117］李维安，李滨．机构投资者介入公司治理效果的实证研究：基于CCGI的经验研究［J］．南开管理评论，2008（1）：4-14.

［118］李晓，张家慧，王彦超．分行业信息披露监管对审计师的溢出效应——基于行业信息披露指引发布的证据［J］．审计研究，2022（5）：95-105.

［119］李学峰，文茜．资本市场对外开放提升了市场有效性吗？：一项国际比较研究［J］．国际金融研究，2012（8）：85-96.

［120］李延喜，陈克兢，姚宏，刘伶．基于地区差异视角的外部治理环境与盈余管理关系研究——兼论公司治理的替代保护作用［J］．南开管理评论，2012（4）：89-100.

［121］梁上坤．机构投资者持股会影响公司费用粘性吗？［J］．管理世界，2018（12）：133-148.

［122］林思涵，陈守东，刘洋．融资融券非对称交易与股票错误定价［J］．管理科学，2020，33（2）：157-168.

［123］林钟高，李文灿．监管模式变更影响会计稳健性吗？——基于信息披露分行业监管视角的经验证据［J］．财务研究，2021（4）：22-31.

［124］林钟高，李文灿．监管模式变更有助于提高会计信息可比性吗？——基于信息披露分行业监管视角的经验证据［J］．财经理论与实践，2021，42（4）：58-65.

［125］林钟高，刘文庆．信息披露监管模式变更影响企业投资效率吗？——

基于双重差分模型的实证检验［J］. 财经理论与实践，2022，43（4）：67-77.

［126］林钟高，朱杨阳. 信息披露监管模式变更影响分析师预测行为吗？——基于分析师预测准确度与分歧度的视角［J］. 会计与经济研究，2021，35（5）：62-78.

［127］刘瑞明，赵仁杰. 国家高新区推动了地区经济发展吗？——基于双重差分方法的验证［J］. 管理世界，2015，263（8）：38-46.

［128］柳木华. 业绩快报的信息含量：经验证据与政策含义［J］. 会计研究，2005（7）：39-43.

［129］陆蓉，潘宏. 上市公司为何隐瞒利好的业绩？——基于市值管理的业绩不预告动机研究［J］. 上海财经大学学报，2012（5）：78-86.

［130］罗宏，吴丹，郭一铭. 分行业信息披露与分析师预测——基于行业信息披露指引发布的证据［J］. 财贸研究，2024，35（2）：97-110.

［131］罗宏，吴丹，郭一铭. 分行业信息披露与企业创新——来自行业信息披露指引的准自然实验［J］. 财贸经济，2024（6）：1-18.

［132］吕兆德，宿增睿. 源于公允价值的盈余波动增加会计信息含量了吗？［J］. 南京审计大学学报，2016（3）：65-74.

［133］马晨，傅仁辉. "它山之石，可以攻玉"——同行管理层讨论与分析信息对企业投资效率的影响［J］. 系统管理学报，2020，29（1）：1-31.

［134］马兆良，许博强. 行业经营性信息披露与税收规避治理［J］. 安徽大学学报（哲学社会科学版），2024，48（2）：167-175.

［135］孟庆斌，施佳宏，鲁冰，宋祉健. "轻信"的注册会计师影响了审计质量吗——基于中国综合社会调查（CGSS）的经验研究［J］. 会计研究，2019（7）：12-20.

［136］潘红波，张冰钰. 行业信息披露与上市公司并购——来自新三板扩容的准自然实验［J］. 财务研究，2022（5）：33-47.

［137］彭俞超，倪骁然，沈吉. 企业"脱实向虚"与金融市场稳定——基于股价崩盘风险的视角［J］. 经济研究，2018（10）：52-68.

［138］齐保垒，田高良，李留闯. 上市公司内部控制缺陷与财务报告信息质量［J］. 管理科学，2010（4）：38-47.

［139］钱爱民，朱大鹏. 财务报告文本相似度与违规处罚——基于文本分析的经验证据［J］. 会计研究，2020（9）：44-58.

［140］丘心颖，郑小翠，邓可斌. 分析师能有效发挥专业解读信息的作用吗？——基于汉字年报复杂性指标的研究［J］. 经济学（季刊），2016，15（4）：1483-1506.

[141] 屈依娜，陈汉文．现金股利政策、内部控制与市场反应［J］．金融研究，2018（5）：191-206．

[142] 权小锋，吴世农．投资者注意力、应计误定价与盈余操纵［J］．会计研究，2012（6）：46-53．

[143] 饶品贵，岳衡．剩余收益模型与股票未来回报［J］．会计研究，2012（9）：52-58．

[144] 石桂峰．行业经营性信息披露能提升商业信用融资吗［J］．会计研究，2022（12）：77-90．

[145] 田利辉，王可第．社会责任信息披露的"掩饰效应"和上市公司崩盘风险——来自中国股票市场的 DID-PSM 分析［J］．管理世界，2017（11）：146-157．

[146] 王朝阳，王振霞．涨跌停、融资融券与股价波动率——基于 AH 股的比较研究［J］．经济研究，2017，52（4）：151-165．

[147] 王丹，孙鲲鹏，高皓．社交媒体上"用嘴投票"对管理层自愿性业绩预告的影响［J］．金融研究，2020（11）：191-207．

[148] 王东升，李鹏伟，薛海燕．分行业信息披露能否约束管理层语调操纵——基于行业信息披露指引发布的证据［J］．现代财经（天津财经大学学报），2024，44（3）：89-106．

[149] 王东升，李鹏伟，薛海燕．分行业信息披露与企业实业投资——基于行业信息披露指引发布的证据［J］．当代经济，2024，41（8）：74-84．

[150] 王化成，曹丰，高升好．投资者保护与股价崩盘风险［J］．财贸经济，2014（10）：73-82．

[151] 王化成，曹丰，叶康涛．监督还是掏空：大股东持股比例与股价崩盘风险［J］．管理世界，2015（2）：45-57．

[152] 王化成，佟岩．控股股东与盈余质量——基于盈余反应系数的考察［J］．会计研究，2006（2）：66-74．

[153] 王克敏，王华杰，李栋栋，戴杏云．年报文本信息复杂性与管理者自利——来自中国上市公司的证据［J］．管理世界，2018，34（12）：120-132+194．

[154] 王木之，李丹．新审计报告和股价同步性［J］．会计研究，2019（1）：88-94．

[155] 王琦．全面注册制下如何提升企业信息披露的有效性［J］．金融监管研究，2024（2）：98-113．

[156] 王雄元，刘焱，全怡．产品市场竞争、信息透明度与公司价值——来自 2005 年深市上市公司的经验数据［J］．财贸经济，2009（10）：30-36．

［157］王钟阳，唐松．行业经营性信息强制披露与审计费用［J］．会计研究，2024（3）：164-178.

［158］魏紫洁，游士兵．美国上市公司行业监管经验借鉴［J］．证券市场导报，2015（11）：72-78.

［159］吴珊，邹梦琪．分行业信息披露监管与公司股权融资成本［J］．当代财经，2024（5）：154-164.

［160］吴永明，袁春生．法律治理、投资者保护与财务舞弊：一项基于上市公司的经验证据［J］．中国工业经济，2007（3）：104-111

［161］徐寿福，徐龙炳．信息披露质量与资本市场估值偏误［J］．会计研究，2015（1）：40-47.

［162］许年行，江轩宇，伊志宏，徐信忠．分析师利益冲突、乐观偏差与股价崩盘风险［J］．经济研究，2012（7）：128-141.

［163］杨兴全，丁琰．分行业信息披露监管能否促进企业创新？——基于行业信息披露指引发布的证据［J］．财经论丛，2024（8）：67-77.

［164］叶康涛，刘芳，李帆．股指成份股调整与股价崩盘风险：基于一项准自然实验的证据［J］．金融研究，2018（3）：172-189.

［165］叶青，李增泉，李光青．富豪榜会影响企业会计信息质量吗？——基于政治成本视角的考察［J］．管理世界，2012（1）：104-120.

［166］伊志宏，杨圣之，陈钦源．分析师能降低股价同步性吗——基于研究报告文本分析的实证研究［J］．中国工业经济，2019（1）：156-173.

［167］游家兴，吴静．沉默的螺旋：媒体情绪与资产误定价［J］．经济研究，2012（7）：141-152.

［168］游家兴，张俊生，江伟．制度建设、公司特质信息与股价波动的同步性——基于 R~2 研究的视角［J］．经济学（季刊），2007，6（1）：189-206.

［169］于蔚，汪淼军，金祥荣．政治关联和融资约束：信息效应与资源效应［J］．经济研究，2012（9）：125-139.

［170］于忠泊，田高良，张咏梅．媒体关注、制度环境与盈余信息市场反应——对市场压力假设的再检验［J］．会计研究，2012（9）：40-51.

［171］曾祥飞，王婷婷，张婷．信息披露监管模式变更对审计质量的影响［J］．安徽工业大学学报（自然科学版），2024，41（2）：223-232.

［172］张会丽，吴有红．内部控制、现金持有及经济后果［J］．会计研究，2014（3）：71-78.

［173］张家慧，宋顺林，赵玲，王彦超．分行业信息披露能提高业绩预告质量吗？——基于准自然实验的证据［J］．证券市场导报，2024（4）：45-57.

［174］张家慧，赵玲．分行业信息披露监管与分析师行为——基于行业信息披露指引发布的证据［J］．当代财经，2024（3）：153-164．

［175］张俊生，汤晓建，李广众．预防性监管能够抑制股价崩盘风险吗？——基于交易所年报问询函的研究［J］．管理科学学报，2018（10）：117-131．

［176］赵静，黄敬昌，刘峰．高铁开通与股价崩盘风险［J］．管理世界，2018（1）：157-168

［177］赵玲，黄昊．分行业信息披露与公司盈余信息含量——基于"准自然实验"的经验证据［J］．经济与管理，2022，36（4）：83-92．

［178］赵玲，黄昊．分行业信息披露与公司股东结构——基于一项"准自然实验"的证据［J］．管理评论，2023，35（2）：306-317．

［179］赵玲，黄昊．基于同侪压力效应的分行业信息披露与企业费用粘性行为研究［J］．管理学报，2021，18（12）：1851-1859．

［180］赵玲，黄昊．信息披露模式变迁与股价崩盘风险——基于行业信息披露指引发布的证据［J］．财经论丛，2022（7）：79-89．

［181］赵玲，黄昊．行业经营性信息披露与审计师选择［J］．南京审计大学学报，2022，19（5）：33-42．

［182］郑依彤，李晋．新《证券法》语境下的我国信息披露制度完善探讨——以重大安全事项为核心［J］．云南师范大学学报（哲学社会科学版），2020，52（4）：129-137．

［183］钟凯，孙昌玲，王永妍，王化成．资本市场对外开放与股价异质性波动——来自"沪港通"的经验证据［J］．金融研究，2018（7）：174-192．

［184］朱红军，何贤杰，陶林．中国的证券分析师能够提高资本市场的效率吗——基于股价同步性和股价信息含量的经验证据［J］．金融研究，2007（2）：110-121．

［185］朱松．企业社会责任、市场评价与盈余信息含量［J］．会计研究，2011（11）：29-36+94．

［186］朱杨阳，林钟高．信息披露监管模式变更与股价同步性［J］．阜阳师范大学学报（自然科学版），2022，39（3）：92-103．

后　记

　　本书围绕增量信息、真实信息、可信赖信息以及信息反馈等多个视角系统探讨了分行业信息披露对资本市场定价效率的影响，力求为学术界和实务界提供新的研究视角，为监管机构进一步完善分行业信息披露政策提供理论依据和实证支持，为资本市场定价效率的提升和信息环境的优化贡献智慧。

　　然而，本书的研究仍存在一定的局限性，部分问题尚未得到充分解决，这也为未来的学术探索提供了广阔的空间。信息披露作为一个动态、多维且复杂的研究领域，其影响机制和作用边界仍有待进一步挖掘。特别是在技术进步和理论交叉融合的背景下，如何更精准地捕捉信息披露的具体内容、如何从资本市场影响拓展到更广泛的领域，以及如何结合新兴理论揭示更深层次的作用机理，都是值得深入探讨的方向。

　　首先，未来的研究可以借助文本分析和机器学习等前沿技术手段，对分行业信息披露的具体内容进行更细致的研究。现有的研究多集中于信息披露的整体框架或宏观影响，而对披露文本中蕴含的具体信息特征、情感倾向、语义结构关注不足。借助自然语言处理（NLP）技术，可以对披露文本进行量化分析，提取关键信息维度，如行业风险提示、技术创新描述、竞争格局分析等，进而探讨不同内容特征对资本市场定价效率的差异化影响。同时，机器学习算法可以帮助识别信息披露中的模式和潜在关联，进一步揭示信息披露质量与市场反应的深层联系。

　　其次，研究视角可以从对资本市场的影响拓展到公司治理行为。分行业信息披露不仅影响投资者的决策和市场定价效率，还可能对企业内部治理结构、战略决策和管理行为产生深远影响。例如，信息披露的透明度和行业针对性可能通过外部监督机制倒逼企业优化资源配置、加强内部控制，甚至影响高管薪酬设计和股权激励机制。未来的研究可以聚焦于信息披露如何通过外部压力和内部反馈机制塑造公司治理行为，探讨其对企业长期绩效和可持续发展的作用。

　　最后，未来的研究还可以结合行为金融学和市场微观结构等理论，更全面地揭示分行业信息披露的作用机理。行为金融学视角可以帮助分析投资者在面对分行业信息披露时的认知偏差和情绪反应，如过度自信或羊群效应如何干扰信息解读和定价效率。市场微观结构理论则可以进一步探讨信息披露如何通过影响市场流动性、交易成本和订单流等微观变量，间接作用于定价效率。通过多学科理论的交叉融合，可以构建更完整的分析框架，揭示分行业信息披露的多层次影响路径。

总而言之，《行业经营性信息披露与资本市场定价效率研究》为信息披露与资本市场效率的关系提供了系统性视角，但学术探索的道路远未结束。未来的研究应在方法创新、视角拓展和理论融合上持续努力，特别是在文本分析与机器学习技术的应用、公司治理行为的深入探讨，以及行为金融学与市场微观结构理论的结合等方面寻求突破。同时，研究应更加注重现实问题的导向性，关注信息披露在不同市场环境和政策背景下的适用性与局限性，为资本市场的高质量发展和企业治理的现代化提供更有针对性的建议。

我们从 2016 年开始关注分行业信息披露这一课题，试图揭示其在资本市场中的重要作用。自 2018 年起，我们系统性地收集数据、开展检验分析，并最终完成这本专著，它凝聚了我们多年的努力和思考。在写作过程中，我们有幸与中央财经大学的王彦超教授、张家慧博士，以及西南财经大学的谢灿博士进行思想碰撞，这些交流为我们的研究注入了许多新的视角与灵感。同时，我们还要感谢国家自然科学基金青年项目（72102187）和中国博士后科学基金面上项目（2023M734074）对本书出版的资助。最后，本书的顺利出版离不开经济管理出版社的大力支持，特别感谢出版社任爱清老师的辛勤付出，得益于她的专业与耐心，让我们的学术成果能以更好的形式呈现在读者面前。

尽管我们倾注了大量心血，但本书仍难免存在疏漏甚至错误。然而，我们始终深信，信息披露作为连接企业与资本市场的重要纽带，其作用机制与影响边界仍有许多未解之谜，等待学术界和实务界共同探索。我们希望，通过本书的研究，能为后续相关课题研究提供些许启发，激发更多关于分行业信息披露的创新性思考。未来，我们期待学术界与实务界携手，共同推动分行业信息披露理论体系的完善与实践价值的提升。我们相信，在这一过程中，必将涌现出更多具有"中国智慧"的研究成果，为实现资本市场的高效、透明与可持续发展贡献力量。

赵玲
2025 年 6 月